# पाथेय

# पाथेय

ओशो

| | |
|---|---|
| **संपादन** | स्वामी योग चिन्मय<br>डा० गिरिराजशरण अग्रवाल |
| **संयोजन** | स्वामी प्रेम राजेंद्र |
| **संकलन** | स्वामी नरेंद्र बोधिसत्व |
| **अनुवाद** | स्वामी चैतन्य बोधिसत्व |
| **कम्प्यूटर ग्राफ़िक्स** | नवीन सरन |
| **लेज़र टाइपसेटिंग** | ग्राफ़िक्स बी<br>37-A, न्यू मार्किट, बेगम ब्रिज, मेरठ 25001 |





**प्रकाशक** : **डायमंड पॉकेट बुक्स ( प्रा. ) लि.**
X-30 ओखला इंडस्ट्रियल एरिया, फेज-II
नई दिल्ली-110020

फोन : 011-40712200

ई-मेल : sales@dpb.in

वेबसाइट : www.diamondbook.in

संस्करण : 2021

# अनुक्रम

# अनुगूंज

साधकों की जन्मों-जन्मों की साधना और तीव्र प्यास किसी करुणावान भगवत चेतना को भगवान् के रूप में अवतरित होने का दिव्य अवसर बनती है। उस भगवत चेतना का मात्र अवतरण जब साधकों को पूर्णता का आनन्द द्वार नहीं बनता तब उस करुणाप्रिय को इंगित करने पड़ते हैं, संकेत देने पड़ते हैं, रहस्य खोलने पड़ते हैं।

प्रस्तुत भेंट-वार्ताओं में साधक-मित्रों ने ओशो से प्रश्न पूछे हैं, वस्तुतः वे प्रश्न हम सब के प्रश्न हैं। ओशो ने प्रश्नों के प्रतिउत्तर नहीं दिये हैं, वरन समाधान दिया है, जो अन्तस तक गहरा उतर जाता है और जीवन के प्रति समग्र दृष्टिकोण को बदल जाता है। व्यक्ति रूपान्तरण की कीमिया उनमें छिपी है।

ओशो की अस्तित्वगत् झलक की तीव्र अनुभूति भी इस संकलन से मिलेगी। निराकार अस्तित्व की साकार प्रतिमा दर्शन की अनुभूति भी आपको होगी—जो सहज ही आपको द्रष्टा भाव, साक्षीभाव और तथाता में उतार देगी।

स्वामी नरेन्द्र बोधिसत्त्व

प्रथम भेंट-वार्ता

# ध्यान : एक नया आयाम

**मा आनंद प्रतिमा न्यूयार्क, योगाचार्य महेंद्र ठाकर, बंबई और स्वामी योग चिन्मय—द्वारा ओशो से बंबई में एक भेंट-वार्ता 'मेडिटेशन : ए न्यू डायमेंशन' का अनुवाद।**

**मा योग भक्ति**: ओशो आप न्यूयार्क कब आ रहे हैं।

**ओशो** : अभी नहीं . . . मैं किसी योजना अनुसार नहीं जीता। हां, वहां अगर किसी को मेरी आवश्यकता होगी तो मैं अवश्य आऊंगा।

**मा योग भक्ति**: मुझे 'नारगोल शिविर' में बतलाया गया था कि अगर कोई संस्था आपकी यात्रा का दायित्व ले तो आप आ सकते हैं।

**ओशो** : नहीं, नहीं . . . किसी संस्था का कोई प्रश्न नहीं है। यदि किसी को मेरी आवश्यकता है तो मैं उपलब्ध हूं। लेकिन ऐसी किसी योजना का कोई प्रश्न नहीं है। जहां तक मेरा संबंध है, मैं किसी योजनानुसार नहीं जीता, एक क्षण के लिए भी नहीं। हां, अगर सच ही किसी को मेरी वहां जरूरत है, तो मैं जरूर आ सकता हूं।

**मा योग भक्ति**: सारे अमरीका को आपकी जरूरत है।

**ओशो** : *(मुस्कुराते हुए)* तो फिर मैं अवश्य आऊंगा। आप नारगोल से चली आईं, इसके लिए मुझे बहुत दु:ख हुआ। बहुत अच्छा होता यदि आप वहां अधिक ठहर पातीं।

**मा योग भक्ति**: मैं थक गई थी। ध्यान करते हुए सैकड़ों लोगों के बीच मैं प्रयोग नहीं कर सकती थी। इस तरह के भावावेगों को मैं पसंद नहीं करती हूं . . . मुझे संकोच लगता है।. . . क्या इस प्रयोग में किसी प्रकार का सम्मोहन है?

**ओशो** : उसमें किसी प्रकार का कोई सम्मोहन नहीं है। आप उसे स्वयं करें, और शीघ्र ही आप उलझन के बाहर हो जाएंगी।

**मा योग भक्ति**: क्या यह संभव है कि जो लोग मेरे पास आते हैं उनके साथ भी मैं यह प्रयोग कर सकती हूं?

**ओशो** : हां, बिल्कुल, आप कर सकती हैं।

**मा योग भक्ति**: उनके आपे के बाहर हो जाने पर जब मैं कुछ न कर सकूंगी, तब क्या होगा? . . . वे एकदम शोर कर सकते हैं, भावुक प्रदर्शन कर सकते हैं। परंतु, निश्चित ही वे ऐसा नहीं होने देंगे, वे अपने को रोक लेंगे क्योंकि वे इस तरह व्यवहार करना पसंद नहीं करेंगे . . .

वे अनुशासन में रहने वाले लोग हैं।

**ओशो :** वे अनुशासन से चिपके हुए हैं... लेकिन एक अशांत मन सर्वप्रथम अराजक, अनारकिक होना चाहिए, तभी वह अपना अतिक्रमण कर सकता है। आप अनुशासन बाहर से थोप सकते हैं। अनुशासन बाह्य संस्कार है। भीतर तो सब कुछ वही है। अराजकता, अव्यवस्था भीतर है, जबकि अनुशासन बाहर। अनुशासित व्यक्ति का भीतरी मन अशांति व उथल-पुथल से भरा रहता है, जबकि अनुशासन के दबाव से संस्कारित मिथ्या व्यक्तित्व निर्मित हो जाता है। इसलिए, प्रथम सारे तनाव को, उलझन को, सारी अराजकता को अपनी चरम सीमा पर पहुंचने दो। एक विस्फोट होने दो। अनुशासन आएगा लेकिन इस विस्फोट के परिणाम की भांति।

**मा योग भक्ति :** उन 1500 लोगों की कीमत पर जो कि मेरे पास आते हैं?

**ओशो :** नहीं, नहीं, उनकी कीमत पर नहीं। उन्हें पहले यह विधि समझा दें। वे स्वयं उसे अनुभव कर लेंगे। वे अवश्य ही अनुभव करेंगे—एक परिवर्तन को, एक रूपांतरण को अनुभव करेंगे। उन्हें अभ्यास करने दें, अपने अशांत मन व सारी शंकाओं के साथ, एक प्रयोग की तरह। उन्हें प्रयोग करने दें। बस, एक प्रयोग। अगर 'कुछ' अपने से घटित होता है तो फिर अभ्यास अपने आप त्वरित होता है। उन्हें कुछ विश्वास दिलाने की आवश्यकता नहीं... और जो अराजकता भीतर भरी है उसका विस्फोट होना ही चाहिए। उसे चुप नहीं करना है, दबाना नहीं है। उसे पूरे वेग में बाहर निकलने देना है। शांति, निर्मलता व निर्वाण मन को दबाने से नहीं, बल्कि विस्फोट से आते हैं। तब चित्त अपने से शांत होता है, वह किसी संस्कार व अभ्यास का प्रक्षेपण नहीं होता है।

जो कुछ भी आप हैं उसे पूरी तरह व्यक्त करें, बाहर निकलने दें। सचमुच वह एक पागलपन होगा... क्योंकि हम पागल ही हैं। इसलिए उसे जब आप बाहर आने देंगे तो पागलपन निकलेगा।

यहां तक कि आपको स्वयं बड़ा आश्चर्य होगा अपने पर, उस सब पर जो आपसे भी अज्ञात है। यह आपके भीतर जो है, उसकी ही अभिव्यक्ति है... इस सबसे आप भी अपरिचित ही थे। यह सब हमारे अचेतन मन में दबा पड़ा था। वह वहां सदियों से, कई पूर्व जन्मों से दबा पड़ा था। यह अराजकतापूर्ण मन हमारे भीतर है, और हमें उसका कुछ भी पता नहीं है। इसे बाहर निकालना ही चाहिए। हमारे यांत्रिक व्यक्तित्व में छिपे इस भूत को बाहर भागना ही चाहिए और यह तभी बाहर जा सकता है जबकि इसे पूर्ण व्यक्त किया जाए... पूरे वेग से, पूरी गति से, अपने अंतस की गहराई से। इसलिए सर्वप्रथम पागल हो जाना है— पागलपन से बाहर होने के लिए। इसे सिर्फ एक प्रयोग की भांति लें, और अपने मित्रों से कहें कि जोर विश्वास पर नहीं है। इस पर विश्वास न करें; सिर्फ करें और जानें कि क्या होता है। और... घटना घटित होगी ही, क्योंकि विक्षिप्त मन प्रत्येक के भीतर है, जिस क्षण भी कोई आरंभ करता है। फिर किसी विश्वास या श्रद्धा का प्रश्न नहीं रहता, किसी सम्मोहन का प्रश्न नहीं रहता, वरन्, बात बिल्कुल इसके विपरीत है।

असल में, हमने स्वयं को सम्मोहित करके यह विश्वास पैदा कर रखा है कि हम बिल्कुल सामान्य व स्वस्थ लोग हैं। यही सम्मोहन है... । यह सारा संसार बड़ा पागलखाना है। हम स्वयं इस सम्मोहन से ग्रस्त हैं कि हम सब सामान्य व स्वस्थ हैं। परंतु जो विक्षिप्तता अंदर दबी पड़ी है, वह हमेशा ऊपर आने व बाहर निकलने का प्रयत्न करती है। स्वप्न एक विस्फोट है। मादक द्रव्यों के सेवन में भी यह विस्फोट होता है। एल एस डी, मेस्केलिन आदि से भी ये विस्फोट होते हैं। ये विस्फोट मेस्केलिन, एल एस डी आदि मादक पदार्थ नहीं करते। स्वप्न भी इसे उत्पन्न नहीं करते। वे केवल आपको उघाड़ देते हैं, निर्वस्त्र कर देते हैं आपके सच्चे स्वरूप को जो कि भीतर दबा पड़ा है, क्योंकि स्वप्न अथवा मादकता की स्थिति में ज्ञानेंद्रियां भीतर लौटकर सो जाती हैं।

यह बहुत-सी पुरानी परंपराओं का अनिवार्य हिस्सा हो गया है कि साधक स्वयं को रासायनिक मादक पदार्थों के सेवन से जाने। बहुत-से ऐसे मादक पदार्थ हैं जिनका उपयोग स्वयं के भीतर जो है जानने के लिए किया जाता रहा है। और मन को अनुशासित करने का प्रयत्न करना भी एक मूर्खतापूर्ण कृत्य है। क्योंकि आपका जो अंतर्मन है, जो मन का बिल्कुल भीतरी छोर है, उसे आपने कभी भी नहीं जाना और आप बाहर से ही अनुशासन को स्वयं पर आरोपित करते रहे हैं। इससे जरूर आप बाहर से सभ्य व अनुशासित बन जाते हैं, परंतु वह विक्षिप्तता आपके भीतर विद्यमान ही रहती है। इसलिए अंतिम परिणाम पूर्णरूपेण तोड़नेवाले व विक्षिप्त करनेवाले होंगे। आपके भीतर एक साथ दो तरह के व्यक्तित्व रहेंगे और आपका पूरा व्यक्तित्व अनेक खंडों में टूट जाएगा। और एक अनिश्चितता, एक अनवरत द्वंद्व भीतर है। और स्मरण रहे, अंतर्द्वंद्व में ऊर्जा का व्यर्थ व्यय होता है। इसलिए व्यक्तित्व की संगठित एकता व लयबद्धता के लिए प्रथम चरण यह नहीं है कि उसे हम अनुशासन में ढालें, वरन् जो भीतर है उसे जानें। और जो भीतर है, वह सदियों से, लाखों वर्षों से दबाया गया है, वह सब आपका एक अनिवार्य अंग बन गया है। आप ही नहीं वरन् सारी मनुष्य जाति ने उसे भीतर दबाया है। हम तो सिर्फ उस व्यवस्था के हिस्से मात्र हैं। हमने समझकर होशपूर्वक, उसे नहीं दबाया। वह हमारी विरासत का एक हिस्सा है। और इस विधि में सिर्फ यही एक भय है। यह दमित, अवरुद्ध, सामूहिक चित्त—यह अज्ञात अंतर्जगत् ही हमारी सारी विक्षिप्तता, सारे तनाव, सारे द्वंद्व व अशांति का मूल आधार है।

अचेतन में हमेशा एक भय बना रहता है कि यदि हमने यह किया तो कुछ बाहर निकल पड़ेगा। और वह होगा ही। फिर, भय शंका पैदा करता है और शंका फिर से भय को दबाने का साधन सिद्ध होती है।

इसलिए उन्हें कहें कि वे इस पर विश्वास न करें। केवल एक प्रयोग की भांति पंद्रह दिन करें। केवल उन्हें प्रयत्न करने दें—प्रतिदिन सिर्फ एक घंटा। प्रारंभ में पहले दस मिनट —तेज, गहरी व सघन श्वास लेना शुरू करें और फिर सब अपने से आरंभ हो जाएगा।

**मा योग भक्ति**: भास्त्रिका प्राणायाम से भी गहरा ?

**ओशो**: हां, भास्त्रिका से भी गहरा। गहरा व तीव्र, दोनों।

**योगाचार्य महेंद्र**: क्षमा करें, क्या आप सोचते हैं कि श्वास लेते समय कोई विशेष लय अथवा ताल अनिवार्य है ? क्या इससे, जो नाजुक लोग हैं जिनको हृदय रोग की तकलीफ है, नुकसान नहीं होगा ?

**ओशो**: नहीं, नहीं। किसी लय या ताल का कोई प्रश्न नहीं है। और इससे कभी नुकसान नहीं होता। यदि आप कोई लयबद्धता अपनाएंगे तो विस्फोट नहीं होगा। क्योंकि तब आप फिर अनुशासित कर रहे हैं। इसलिए उसे अव्यवस्थित ही रहने दें, जैसे भी होता हो होने दें। सारा जोर केवल गहराई, तीव्रता व प्रगाढ़ता पर हो। आपका पूरा व्यक्तित्व बस प्रक्रिया में संलग्न होना चाहिए। पूरा का पूरा ही स्वयं को छोड़ दें। कुछ भी न बचाएं। आप तनिक भी बाहर न रहें। जब आप पूर्णरूप से उसमें संलग्न हो जाएंगे तो सारा शरीर व मन कंपने लगेगा। शरीर में देह-विद्युत् की गति प्रारंभ हो जाएगी और तब आपको एक नई अनुभूति होगी जैसी पहले कभी नहीं हुई थी तो यह प्रक्रिया आपको पकड़ लेगी। अब कोई शंका नहीं रहेगी क्योंकि अनुभूति हुई है और आपने स्वयं कुछ अनुभव किया है जो आपने पहले कभी नहीं किया था।

हम अपनी देह-विद्युत् को भी कभी अनुभव नहीं करते। हममें उसका कभी आभास नहीं हुआ है। वह भी हमारे व्यक्तित्व का दमित अंग है। केवल मन ही नहीं, बल्कि शरीर भी दबाया गया है। हम शरीर के तल पर भी पूरी तरह से नहीं जी पाते हैं, जितना प्रकृति की ओर से नियत किया गया है। क्योंकि बहुत-सी बातें

एक-दूसरे से संबंधित हैं। हमने शरीर की अपनी प्रज्ञा व विवेक तक का दमन किया है। यदि कोई पूर्ण रूप से स्फुरित व प्रकंपित हो जाए तो विद्युत्-संचार प्रारंभ हो जाता है। तब वह उसी क्षण समाज की पकड़ के बाहर हो जाता है। वह इतना स्फुरित और शक्तिशाली हो जाता है कि अब उसे किसी भी बात पर सहमत होने के लिए बाध्य नहीं किया जा सकता। वह स्वयं में किसी क्षमता को उपलब्ध हो गया है।

जब ऊर्जा जगती है तब आपको यह नहीं लगता कि आप एक तुच्छ अस्तित्वमात्र हैं, परिस्थितियों के एक गुलाम मात्र हैं। आपको अनुभूति होती है कि आप वह कुछ हैं, जो असीम है, असीमित है, शक्ति-संपन्न है। इसी क्षण में, लोगों ने स्वयं के परमात्मा होने की घोषणा की है—'अहं ब्रह्मास्मि'- मैं ही ब्रह्म हूं। शरीर में सोयी हुई विद्युत् ऊर्जा का जगना ही अहं ब्रह्मास्मि, मैं ही परमात्मा हूं, की अनुभूति का प्रथम बोध है।

गहरी, तीव्र, प्रगाढ़ व संलग्न श्वास ही इस भाव को उत्पन्न करती है। तब शरीर-द्वारा होने वाला प्रत्येक अनुभव हमें सत्य अनुभव लगता है। हर वस्तु वास्तव में है, ऐसा हम तभी कहते हैं, जब हम उसे शरीर के द्वारा अनुभव करते हैं। वास्तविकता का, होने का, हमारे लिए तभी अर्थ है जब उसे शरीर-द्वारा जान सकें। मैं कहता हूं कि आप सचमुच हैं, क्योंकि मैं आपको देख सकता हूं, स्पर्श कर सकता हूं। अग़र मैं आपको स्पर्श नहीं कर सकता हूं, तो आप एक भ्रम हील्युसिनेशन हैं। मैं आप पर विश्वास नहीं कर सकता क्योंकि, मैं आपको स्पर्श नहीं कर सकता, क्योंकि मैं आपको व दूसरों को नहीं बता सकता। वास्तविकता, रीयलिटी हम केवल शरीर-द्वारा ही जान पाते हैं।

कोई भी विधि जो हमारी अनुभूति को नए आयाम दे पाती है वह हमारे लिए सत्य रूप हो जाती है। तब कोई शंका नहीं रहती। तब हम अग्रसर हो सकते हैं, इसलिए मैं प्रथम चरण पर जोर देता हूं।

अब, दूसरा चरण ! प्रथम चरण चलता रहे—श्वास गतिमान रहे । इसी बीच बहुत-सी शारीरिक प्रक्रियाएं होंगी । वे कई रूप ले सकती हैं । परंतु वे सब घटित होंगी अपने से, आपका अनुशासन नहीं है वहां, सो बहुत कुछ घटित होगा ।

**योगाचार्य महेंद्र:** हम उसे कैसे करें, शरीर के किस आसन में ?

**ओशो :** आप किसी भी तरह बैठ सकते हैं, पर अच्छा हो यदि आप खड़े रहें । इससे भी अच्छा होगा यदि आंखें भी बंद हों । भोजन के पहले खाली पेट आप इस प्रयास को करें । फिर दूसरा चरण—शरीर को ढीला छोड़ दें । बिल्कुल ढीला ताकि शरीर जो भी करना चाहे करे । उसे बिल्कुल भी रोकें नहीं । श्वास चालू रहे । शरीर को जो करना हो करे । घूमता हो घूमे, नाचे, कूदे, गाए, चिल्लाए, रोए—जो होता हो, हो । उसे बिल्कुल न रोकें, न कुछ दबाएं । शरीर स्वयं अपना रास्ता खोज लेगा और बहुत-सी बातें घटित होंगी ।

अब तृतीय चरण में, जबकि दोनों चरण भी चल रहे हैं, पूरी शक्ति से भीतर पूछें, "मैं कौन हूं ?" और दो प्रश्नों के बीच खाली जगह न रहे . . . यह भी पूरी शक्ति से हो ।

**योगाचार्य महेंद्र:** कितनी शक्ति से ? यंत्रवत् जैसे मंत्रोच्चारण करते हैं ?

**ओशो :** कितनी शक्ति से का प्रश्न नहीं उठता । आप बस पूरे जोर से करें—और देखें और जानें कि आप पीछे कुछ बचा तो नहीं रहे हैं । अपने को पूरा ही लगा दें । धीरे-धीरे ये क्रियाएं तीव्र और तीव्रतर होती जाती हैं ।

प्रथम चरण में आपका ध्यान पूरी तरह श्वास पर रहे । द्वितीय चरण पहले का सहज परिणाम है । जब आप गहरी व तीव्र श्वास लेंगे तो शरीर गति करता है । प्रथम चरण में विश्राम का प्रश्न नहीं, द्वितीय में आप शरीर की क्रियाओं को सहयोग करें, उन्हें गति दें । फिर दस मिनट बाद तीसरे चरण में प्रवेश करें और पूछें मैं कौन हूं । यही क्षण है पूछने का क्योंकि अब स्पष्ट अनुभूति होती है कि शरीर

आपसे अलग है। आप उसे चिल्लाते, हंसते, रोते, कूदते, नाचते देखते हैं। आप इतना स्पष्ट देखते हैं कि समझ नहीं पाते कि यह आप कर रहे हैं। आप केवल स्वयं को नाचते, कूदते देखते हैं। कुछ यंत्रवत् हो रहा है। और आप उसे अपने से अलग घटता हुआ पाते हैं। जब शरीर यंत्रवत् स्वचालित हो जाता है, तब ही चेतना की अनुभूति होती है कि वह अलग है—इसके पहले नहीं।

**योगाचार्य महेंद्र :** क्या आप हमें बता सकते हैं कि हमारी सामान्य सांसारिक स्थिति में हम तादात्म्य-शून्यता (नान-आइडेंटीफिकेशन) का अनुभव क्यों नहीं कर पाते हैं?

**ओशो :** आप उसका अनुभव नहीं कर पाते, क्योंकि आप हर क्षण उससे तादात्म्य बनाए हुए हैं। आप में और आपके शरीर के बीच में कोई रिक्त स्थान नहीं है। जो भी करते हैं आपका शरीर ही करता है। आप और आपका शरीर दोनों एकरूप होते हैं। परंतु जब शरीर अपना अलग मार्ग ले लेता है तो वह स्वचालित हो जाता है। वे घटनाएं होती हैं जो आपने कभी नहीं सोची थीं, कभी नियोजित नहीं की थीं। "यह मैं कर रहा हूं?" "यह मैं अनुभव कर रहा हूं?" ... और आप जानते हैं कि यह आप नहीं कर रहे हैं। आपने कभी नहीं विचारा था परंतु नृत्य तो चल रहा है और वह भी बहुत तीव्र गति से। अब यह गैप, यह अंतराल स्पष्ट है—कर्ता और उसके कार्य के बीच, जिसे आप नहीं कर रहे हैं।

इस तरह अब शरीर केवल एक स्वचालित यंत्र मात्र रह गया है। चेतना स्वयं को उस स्वचालित यंत्र के साथ एकरूप नहीं कर सकती। यह असंभव है। आप कभी भी स्वयं को एक यंत्र के समरूप नहीं समझ सकते। परंतु यदि यंत्र आपकी इच्छानुसार कार्य करे तो उससे तादात्म्य हो जाता है। यदि मैं इस माइक से कहूं कि चलो और यह चलने लगे तो बहुत संभव है मैं इसे स्वयं से आइडेंटीफाई, एकरूप करने लगूं क्योंकि अब यह मेरा ही एक अंग बन गया है। यह चलता है, जब मैं कहता हूं चलो। हाथ

चलता है, जब मैं कहता हूं चलो और जब कहता हूं, नहीं, तो नहीं चलता है। यह एकरूपता का आधार है कि चालक और चलने वाला दोनों चलने की क्रिया में एक हो गए हैं। परंतु जब शरीर आपकी अनिच्छा से चलता है, बिना आपके सचेतन श्रम के, तब शरीर सिर्फ एक अलग यंत्र रह जाता है। तब ही आप स्पष्ट देख पाते हैं कि आप भिन्न हैं।

यह अनुभूति इतनी स्पष्ट होती है कि किसी तरह की शंका या भ्रम नहीं रहता। इसलिए मैं शरीर की क्रियाओं पर इतना जोर देता हूं। वह सब होने दें। जो भी होता है, उसे पूरी तरह होने दें। तब आप देखेंगे कि आपका शरीर बिल्कुल विक्षिप्त मनुष्य की तरह हो गया है या जानवर की तरह या मशीन की तरह। अब आप स्वयं को उससे एक नहीं कर सकते। आप अलग खड़े हैं।

इस तरह साक्षीभाव पैदा होता है। आप देखने लगते हैं—एक दृष्टा की तरह। दूसरे चरण के परिणामस्वरूप आप साक्षी बनते हैं, उस सबके जो हो रहा है। शरीर डोल रहा है। हाथ घूम रहा है, यह इतनी मुद्राएं बना रहा है—सब अनजान, अज्ञात, अनियोजित। और इस तरह दृष्टा का उदय होता है। जो कुछ घटता है। आप उसे देखना आरंभ करते हैं। अब आप कर्ता नहीं हैं, बल्कि हैं केवल दृष्टा। आपके स्वयं कुछ करने का प्रश्न ही नहीं है। आप मात्र अवलोकन करते हैं। अब आप निषेधात्मक बिंदु पर आते हैं कि आप शरीर नहीं हैं। तब प्रश्न उठता है—फिर "मैं कौन हूं?" यहीं तीसरा चरण प्रारंभ होता है। मैंने जाना कि यह शरीर मैं नहीं हूं, तब "मैं कौन हूं?" यह प्रश्न भी अपने से आया है। आप तृतीय चरण में नहीं भी प्रवेश करें और द्रितीय ही करते चले जाएं तो भी उसके आने की पूरी संभावना है। वह आएगा ही। थोड़ा वक्त लग सकता है। अगर कोई तृतीय चरण नहीं जोड़े तो भी भीतर से अंतस् पूछने लगता है, "मैं कौन हूं?" पुरानी पहचान खो गयी। और यदि आप शरीर नहीं हैं तो फिर आप कौन हैं। तब आप स्वयं

ही स्वयं से पूछने लगते हैं—"मैं कौन हूं ?" पहले दो चरणों की भांति यह चरण भी बहुत तीव्रता व पूरी शक्ति से करना है, क्योंकि आपको अपने को पूरा थका डालना है।

**योगाचार्य महेंद्र :** क्षमा करें, जब प्रथम, द्वितीय व तृतीय चरण करते हैं, तब हम बिना तनिक भी उनसे तादात्म्य स्थापित किए कैसे कर सकते हैं ? हम बिना तादात्म्य किए कैसे कोई गति कर सकते हैं ?

**ओशो :** प्रारंभ में तादात्म्य होता है, पर जैसे-जैसे आप गति करते हैं, वह लुप्त होता जाता है। आप पाते हैं कि शरीर गिर गया है, न कि आप, बल्कि शरीर। ऐसी स्पष्ट स्थिति बनती है प्रथम दो चरणों के बाद कि कोई उलझन या भ्रम नहीं रहता। इसका परिणाम इतना प्रबल, इतना शक्तियुक्त, एक गतिमान ऊर्जा की भांति होता है कि फिर वहां किसी भ्रम अथवा संदेह के लिए स्थान नहीं रहता।

भ्रांति सोयी हुई ऊर्जा का एक अंग है। और जब वह ऊर्जा अपने पूरे जोर पर होती है तो व्यक्ति एक डाइनेमो, विद्युत्-यंत्र हो जाता है। तब कोई भ्रम नहीं रहता। सब संदेह जल जाते हैं। इसीलिए मैं वह अति आवश्यक प्रश्न तृतीय चरण में जोड़ रहा हूं। जब आप पूछते हैं—मैं कौन हूं ? जबकि आपका सारा शरीर व मन विद्युत्-यंत्र हो गया है, तो सारा शरीर प्रक्रिया करता है। सारा मन, सारा दिमाग, आपके शरीर का रोंआ-रोंआ, अंग-प्रत्यंग बुरी तरह कंपने, डोलने लगते हैं, और प्रश्न स्वयं इतना विशिष्ट हो जाता है कि किसी उत्तर की आवश्यकता नहीं रहती। आपको उत्तर की आशा उसी समय तक है जब तक आपने पूर्णतया प्रश्न नहीं किया है। मन का एक अंग उत्तर की प्रतीक्षा करता है। पर यदि आप पूर्णरूपेण स्वयं को लगा देते हैं तो फिर उत्तर की प्रतीक्षा नहीं रहती। अब आप स्वयं ही प्रश्न हो गए हैं। इस समय आप स्वयं ही खोज बन गए हैं। अब प्रतीक्षा नहीं, क्योंकि अब आप प्रतीक्षा नहीं कर सकते। प्रतीक्षा तभी तक संभव है जब मन दो में बंटा हो—जबकि एक प्रश्नकर्ता हो और पूछ रहा हो, और दूसरा उत्तर की प्रतीक्षा में

हो ।

**योगाचार्य महेंद्र:** यह बहुत महत्त्वपूर्ण है, परंतु है बहुत सूक्ष्म ।

**ओशो:** हां, यह सूक्ष्म है । इसलिए प्रथम दो चरण अनिवार्य हैं । रमण महर्षि लोगों से प्रथम चरण में " मैं कौन हूं ?" पूछने को कहते थे । प्रथम चरण में वह कभी प्रबल नहीं हो सकता । तब आप जैसे दूसरे प्रश्न करते हैं, ऐसे ही यह भी कहते हैं । प्रश्न साधारण हो जाता है । जब आप प्रथम चरण में प्रश्न करना आरंभ करते हैं—"मैं कौन हूं ?" तब मन का बहुत थोड़ा-सा हिस्सा ही पूछता है, बाकी बड़ा भाग उत्तर की प्रतीक्षा करता है । तब बहुत संभव है कि जो उत्तर हमने सीख रखे हैं, जैसे कि "मैं आत्मा हूं," "मैं ब्रह्म हूं", आदि, इससे मन का शेष भाग उत्तर की पूर्ति कर देता है । ऐसी संभावना बिल्कुल प्राकृतिक है ।

तीसरे चरण में प्रश्न पूर्ण होता है । चौथा चरण भी है । तीसरे में आप पूरी तीव्रता से पूरी शक्ति से अपने भीतर प्रश्न पूछते हैं । आप गहरे, और गहरे, अति गहरे जाएं, इतने कि पूरे पागल ही हो जाएं । सब प्रकार की मानसिक स्वस्थता उत्तरों पर आधारित है । यदि आप उत्तर जानते हैं तो आप बुद्धिमान हैं । किसी के पूछने पर कि आप कहां जा रहे थे, आप बता सकते हैं कि आप कहां जा रहे थे । और यदि आप कहते हैं कि आपको ज्ञात नहीं कि आप कहां जा रहे थे तो फिर आप पागल हैं ।

मानसिक स्वास्थ्य की धारणा उत्तरों पर आधारित है—तैयार उत्तरों पर । यदि प्रश्न ही हो और उत्तर नहीं तो आप पागल हो गए । इसलिए गहरे, और गहरे पूछिए । आपको शिखर पर आना है, क्योंकि गहराई शिखर के ही कारण है । और जब आप शिखर से गिरते हैं तो पूरी गहराई को पहुंचते हैं । जितने आप पागल होते हैं और जितना उस बिंदु की ऊंचाई से गिरते हैं, उतनी स्थिर बुद्धि को उपलब्ध होते हैं । मेरी समझ के अनुसार असल बुद्धिमत्ता वह है, जो कि विक्षिप्तता के अतिक्रमण के बाद आती है, न कि वह जो

तैयार उत्तरों पर आधारित है, वरन् प्रश्नों के गिरने पर, उनके असफल होने पर, मृत होने पर। तब न कोई प्रश्न रहता है और न उत्तर ही। मन शांत और स्थिर हो जाता है, एक हो जाता है। तब हम चौथे चरण में प्रवेश करते हैं। वह तब आता है जबकि आप तनाव की चरम सीमा पर पहुंचते हैं; और तब आप विश्राम को उपलब्ध होते हैं।

प्रथम तीन चरण, प्रत्येक दस-दस मिनट करने के बाद, अगले दस मिनट या उससे कुछ अधिक समय तक विश्राम करें—खाली विश्राम। सब छोड़ दें तीन चरण भी। जैसे हैं वैसे ही रह जाएं या गिर जाएं। अब कुछ नहीं करना है। अब कुछ करने का प्रश्न ही नहीं होता क्योंकि अब आप बिल्कुल थक गए हैं। मन भी थक गया है, शरीर भी व सभी कुछ आपके व्यक्तित्व की सारी व्यवस्था थक गई है। अब सहज परिणामस्वरूप ही सब कुछ छूट गया है। केवल प्रथम चरण आप आरंभ करते हैं, फिर शेष चरण शृंखला की अगली कड़िया हैं। आप केवल करते ही जाएं और चौथा चरण न जोड़ें तो भी वह सहज ढंग से आ ही जाएगा। उसे आना ही होगा। जब आप करते ही जाएंगे, तो एक क्षण ऐसा आएगा कि सब शिथिल हो जाएगा, आप गिर जाएंगे और करने को कुछ भी शेष नहीं बचेगा।

चौथा चरण अक्रिया की स्थिति है; इसे ही मैं कहता हूं 'ध्यान'—मेडिटेशन। प्रथम तीन चरण सीढ़ियां हैं, चौथा है द्वार।

तब आप हैं। फिर कुछ भी नहीं करना है; न श्वास, न क्रिया, न कोई प्रश्न। बस मौन। और वह आता है। एक अर्थ में पहले तीन करने ही हैं, परंतु चौथा अपने से ही आता है और इन्हीं क्षणों में अंतत: कुछ घटित होता है। वह आपकी क्रिया नहीं है। वह आती है एक ईश्वरीय अनुकंपा की भांति। आप एक रिक्तता, एक शून्यता को उपलब्ध हो गए हैं, और कुछ भरता है उसमें। वह 'कुछ' ही अध्यात्म है। वह भीतर उतरता है, जब आप नहीं होते। अब आप

वहां नहीं हो सकते, क्योंकि आप कुछ नहीं कर रहे हैं ।

अहंकार कर्त्ता के साथ विदा हो जाता है । कर्त्ता ही अहंकार है । प्रथम तीन चरण में आप हो सकते हैं, क्योंकि आप कुछ क्रिया कर रहे हैं, श्वास या प्रश्न आदि । परंतु अब आप वहां नहीं हैं । हमारी अहंकार की सारी धारणा स्मृतियों का, अतीत के कार्यों का संकलन है । जो मैंने किया है, वही 'मैं' हूं । इसलिए जो व्यक्ति जितना करता है, वह उतना ही अहं के भाव से घिरा होता है, क्योंकि उसने कुछ किया है । यदि उसने कोई धार्मिक पूजा-पाठ भी किया है, तो भी वह अहंग्रस्त है । कुछ भी करना अंततः इकट्ठा होकर 'मैं' का अंग बन जाता है । अहंकार प्रभावों का संग्रह है; इसका अपना कोई अस्तित्व नहीं, वरन् यह है कृत्यों की स्मृति मात्र ।

इस तरह, उन क्षणों में जब कुछ क्रिया नहीं है, तो आप भी नहीं हैं । तब कुछ घटता है । आप सजग हैं तथा आप कुछ भी नहीं कर रहे हैं ।

आप पूर्ण सजग हैं, शांत हैं । मृत, परंतु पूर्ण सजग । शिथिल, पर पूर्ण चेतन . . .

**योगाचार्य महेंद्र :** वह सजगता कैसी है—शारीरिक, बौद्धिक अथवा आध्यात्मिक ?

**ओशो :** उसके आध्यात्मिक, मानसिक अथवा शारीरिक होने का कोई प्रश्न नहीं उठता । वह बस चेतना है । एक चेतना, एक सजगता कि सब छूट गया है, सब मिट गया है । और मजा यह है कि वह भी आप उस क्षण में नहीं जानते । वह बाद की स्मृति है । परंतु, उस क्षण में कुछ भी नहीं है; केवल चेतना है—बस । चूंकि कुछ भी नहीं, इसलिए किसी भी बात की सजगता नहीं होती । आप उसे बाद में स्मरण कर सकते हैं एक वस्तु की भांति, जबकि वह स्थिति एक वस्तु हो जाए, एक स्मृति रह जाए । परंतु आप उसे तत्क्षण महसूस नहीं कर सकते । आप कुछ भी अनुभव तभी करते हैं, जब वह आता है और आपको दबाता है । तभी कुछ अनुभूति होती है,

अन्यथा नहीं।

**योगाचार्य महेंद्र:** क्या हम यह स्पष्ट समझ पाते हैं कि चौथे चरण में केवल उस समय चेतना ही रहती है बिना किसी स्मृति के? क्या हम स्थिति को अनुभव कर पाते हैं? वह कैसी स्थिति होती होगी?

**ओशो:** आप उसे एक अंतराल की भांति अनुभव कर पाते हैं। स्मृति केवल उस अंतराल का ही लेखा-जोखा है। बाद में आप उस अंतराल को जान पाते हैं। आपकी स्मृति एक विशेष घड़ी तक जारी रही, उसके बाद फिर से स्मृति लौटी और अपने इस अंतराल को अनुभव किया। यह अंतराल, यह रिक्तता आपकी स्मृति बनती है। हमारी स्मृति घटनाओं को रिकार्ड करती है और यह अंतराल एक बहुत बड़ी घटना है, एक फिनामिनन है।

**योगाचार्य क्रियानंद:** इस गैप को, इस अंतराल को कौन रिकार्ड करता है?

**ओशो:** आपकी स्मृति, आपकी स्मृति की व्यवस्था।

**योगाचार्य क्रियानंद:** इसका यह अर्थ हुआ कि स्मृति उस खालीपन में भी काम कर रही है?

**ओशो:** आपकी स्मृति की व्यवस्था हमेशा प्रत्येक बात को रिकार्ड करने को तत्पर है। यह रिकार्डर यहां कार्यरत है। यह दो बातें नोट करता है। जब हम बोलते हैं तो यह नोट करता है। और जब हम नहीं बोल रहे होते, तब यह हमारे मौन को रिकार्ड करता रहता है। जब हम नहीं बोलते होते, तब भी कुछ होता है।

**योगाचार्य क्रियानंद:** तब क्या रिकार्ड करने वाली स्मृति की व्यवस्था वहां होती है?

**ओशो:** हां, वह हर समय वहां होती है। स्मृति अंकन की व्यवस्था हर समय उपस्थित है। वह हर बात नोट करती है। इसके विपरीत वह और भी अधिक प्रबल व संवेदनशील हो जाती है, जब खालीपन होता है। यंत्र भूल कर सकता है, जो कुछ हम बोल रहे हैं उसे रिकार्ड करने में, परंतु वह व्यवस्था कभी भूल नहीं कर सकती, जब हम मौन हैं। यह मौन और भी अधिक तीव्रता से रिकार्ड किया

जाएगा। उसमें त्रुटि के लिए कोई स्थान नहीं। यह अंतराल स्मरित रहता है और यह अंतराल आनंद से भर जाता है। स्मरण की गयी घटना एक बोझ है, एक तनाव है। यह है शांत व आनंदपूर्ण अंतराल। यह अंतराल (गैप) ही ध्यान है...

**योगाचार्य महेंद्र:** क्या और भी बहुत-सी अनुभूतियां इस समय होती हैं?

**ओशो:** ऐसी कोई भी अनुभूति साइकिक अर्थात् मानसिक होती है। वास्तव में, कोई आध्यात्मिक अनुभूति नहीं हो सकती। बस केवल अंतराल ही हो सकता है। जो अनुभव करता है वह वहां नहीं होता। इसलिए आप अनुभव की भाषा काम में नहीं ला सकते। यही भ्रांति की बात है। यहां आप वह अनुभव करते हैं, जिसे अनुभव नहीं किया जा सकता, जो सब अनुभव के पार है। जहां तक भाषा बता सकती है—वह एक पूर्ण रिक्तता है। किसी भी तरह का इशारा नकारात्मक ही होगा, क्योंकि भाषा घटनाओं के लिए होती है। वह मौन के लिए नहीं होती। परंतु जब हम उसे भाषा के माध्यम से व्यक्त करने का प्रयत्न करते हैं, तो यह हम पर निर्भर है कि हम कौन-से शब्द प्रयोग में लाते हैं। सच बात यह है कि सारे शब्द एक-दूसरे की तरह अर्थहीन मालूम होते हैं। आप ब्रह्म कहें, आप निर्वाण कहें या आप कुछ भी कहें, जो आप को पसंद हो, सब शब्द त्रुटियों में चुनाव है। इसीलिए, हर प्रकार की धार्मिक भाषा—क्रिश्चियन हिंदू या बौद्ध—सब समान रूप से अर्थहीन हैं। यही सादृश्यता है, बस यही एक अनिवार्य एकता है। सब धर्मों में। वे ऐसे होंगे ही। यह निंदा नहीं है परंतु यह एक तथ्य है, क्योंकि उस गैप को, अंतराल को व्यक्त नहीं किया जा सकता। परंतु उस अंतराल का अनुभव अवश्य किया जा सकता है। और अनुभूति की कोई भाषा नहीं होती, कोई शब्द नहीं होते।

इसलिए, उन्हें प्रयोग करने दें। और यदि मेरी आवश्यकता हुई तो मैं अवश्य आऊंगा। यह प्रयोग बड़ा अद्‌भुत व चमत्कारी होगा। आपके प्रति जो उनका इतना प्रेम है, उसके बदले यह देने योग्य ही

होगा।

**योगाचार्य महेंद्र :** तीसरे चरण की समाप्ति पर व चौथे चरण के शिखर पर, अहंकार वास्तव में विलय हो जाता है . . . या किसी विशेष स्थिति में बना ही रहता है ?

**ओशो :** अहंकार वाष्पीभूत हो जाता है।

**योगाचार्य महेंद्र :** अपनी पूर्व स्थिति को अहंकार फिर किस भांति लौटता है ?

**ओशो :** वह वापस आता है, क्योंकि अहंकार की सारी आधारभूत व्यवस्था पीछे उपस्थित है। वह मृत नहीं हुई है। पूरा अतीत उपस्थित है। वह वहां है। आप उसके अंग नहीं रह गये थे, लेकिन आप वापस लौट सकते हैं। बस कुछ समय के लिए आप उससे ऊपर उठ गए थे। आप अपने घर से बाहर चले गए थे, अब आप लौट सकते हैं। परंतु, अब आप वही नहीं हैं जो बाहर गए थे। अब लौटने में आप दूसरे ही हो गए, क्योंकि अब आपने उसके पार भी कुछ जाना है। अब आप वही नहीं हो सकते, परंतु लौटते अवश्य हैं।

जितना अधिक सरल यह बाहर जाना और भीतर आना होता है—बाहर-भीतर, उतनी ही नयी स्थिति उपलब्ध होती है, जिसमें न आप भीतर होते हैं और न बाहर ही। आप दोनों का अतिक्रमण कर जाते हैं। यही परमकोटि है, कलमिनेशन है। क्योंकि जब आप बाहर जाना चाहते हैं, आप बाहर जा सकते हैं, अथवा जब आप भीतर आना चाहते हैं, आप आ सकते हैं। आप न भीतर हैं न बाहर। यही उच्चतम शिखर है, जो समाधि है।

**योगाचार्य महेंद्र :** क्या किसी प्रकार का भ्रम नहीं होता इस स्थिति में ?

**ओशो :** नहीं, नहीं, किसी प्रकार के भ्रम का प्रश्न ही नहीं होता। जब मैं आ सकता हूं और जा सकता हूं; जब मैं शुरू हो सकता हूं और बंद हो सकता हूं—जब यह सब सरल हो जाता है, तब एक नयी अनुभूति होती है। नयी अनुभूति कि आप बाह्य व आंतरिक दोनों स्थितियों का अतिक्रमण कर सकते हैं। तभी अंतरात्मा को पहुंचा जा सकता

है। वही समाधि है। चौथा चरण तो केवल उसकी एक झलक है। झेन-बौद्ध उसे सटोरी, 'क्षणिक झलक' के नाम से पुकारते हैं। सटोरी, क्षणिक झलक, समाधि नहीं है। सटोरी, क्षणिक झलक, केवल एक झलक है। आप उससे वापस लौट सकते हैं। लेकिन समाधि से वापस नहीं लौटा जा सकता। वह 'न-लौटने' का बिंदु है।

**योगाचार्य महेंद्र :** तब तो इस शरीर में रहने का कोई उद्देश्य नहीं है?

**ओशो :** नहीं, नहीं, उद्देश्य या निरुद्देश्य का सवाल नहीं है।

**योगाचार्य महेंद्र :** जब कोई उस समाधि को पहुंचता है, तब क्या होता है?

**ओशो :** जब आप कहते हैं कि कोई उस समाधि को पहुंचता है तो उसका अर्थ है कि कोई वहां है। जब वहां कोई नहीं होता, तब हम वहां पहुंचते हैं। यह नहीं कि 'कोई' वहां पहुंचता है। परंतु कोई भीतर आता है और बाहर जाता है— यही आत्मा की अनुभूति है। कितने ही धर्म हैं जो इस चौथे चरण पर रुक गए । इसलिए वे कहते हैं कि आत्मा है। उन्हें केवल बहिर्गमन व अंतर्गमन का ही बोध हुआ और वे यहीं पर रुक गए। परंतु चौथा चरण मात्र झलक है। आप जाते हैं और वापस लौटते हैं— वह 'न लौटने' का बिंदु नहीं। वापस लौटने की पूरी संभावना वहां उपस्थित है। आप वापस आते हैं, क्योंकि पूरी यंत्र रचना वहां प्रतीक्षा में है। आप लौट आते हैं और फिर से यंत्र अपना कार्य आरंभ कर देता है। तब केवल उस रिक्तता का, उस गैप का लेखा होता है। वह अंतराल आपको बार-बार पुकारता है।

कुछ धर्म, जैसे कि झेन ने इसे गलत समझ लिया है सटोरी की भांति, कि यह झलक ही अंतिम अनुभूति या समाधि है। यह समाधि नहीं है, क्योंकि लौटना अभी संभव है। अहंकार मरा नहीं है। उसने केवल बाहर छलांग लगायी है। आप बाहर कूद गए और आप लौट आए हैं—जैसे धरती के ऊपर कूदते हैं। आप जब धरती से ऊपर कूदते हैं, तो गुरुत्वाकर्षण वहां है, धरती भी वहीं है,

इसलिए आप वापस आ जाते हैं। एक क्षण के लिए आप उसकी पकड़ से बाहर हो गए थे, परंतु अब फिर वापस आ गए। इसी तरह सटोरी, क्षणिक झलक बस एक छलांग है, अंत नहीं। अंतिम है समाधि। इसका यह अर्थ हुआ कि आप बाहर गए और भीतर लौटे, आप इस बाह्य कूद से जुड़े नहीं हैं। आप जुड़ सकते हैं क्योंकि यह इतना आनंददायक है कि !... इसलिए, आप बार-बार इस अनुभव को दोहराते हैं . . . ध्यान में जाते हैं, उसकी आनंदानुभूति करते हैं, वापस लौटते हैं। वह एक नयापन, ताजगी प्रदान करता है, वह आपको पुलकित करता है। धीरे-धीरे वह अनुभव गहरा हो जाता है।

आप बाहर जाते हैं, लौटते हैं और सोचते हैं, 'मैंने प्राप्त कर लिया है, क्योंकि वह इतना आनंदपूर्ण होता है। परंतु आपने उसे नहीं जाना जो कि इस आनंद के भी पार है। तब प्रत्येक अनुभूति बंधन का कारण बन जाती है। वह एक यंत्रवत् पुनरावृत्ति की तरह हो जाती है। वह रिक्तता भी उसका एक अंग हो जाती है। ऐसे धर्म हैं जो कि यहीं रुक गए हैं। इसलिए वे कहते हैं कि आत्मा है—व्यक्तिगत आत्मा है। वे ब्रह्म को नहीं समझ पाते, क्योंकि ब्रह्म पांचवें चरण पर ही उपलब्ध है। जब-जब आप बाहर-भीतर आते-जाते हैं और रिक्तता के आनंद से युक्त नहीं होते, वरन् उसका अतिक्रमण करते हैं, तब ही आप इस बहिर्गमन व अंतर्गमन का अवलोकन करना आरंभ करते हैं—इस ध्यान व बिना ध्यान की स्थिति को देख पाते हैं। जब आप इस बहिर्गमन व अंतर्गमन का निरीक्षण करते रहते हैं, तब आप एक बड़े ही नाजुक बिंदु पर पहुंचे होते हैं। तब आप जानते हैं कि यह भी आदत हो सकती है और इसे भी कोई जन्मों-जन्मों तक दोहरा सकता है। यह सटोरी, क्षणिक झलक है।

जब आप निरीक्षण प्रारंभ करते हैं तो एक शांत चेतना उतरती है, जिसके बारे में क्रियानंद कल पूछ रहे थे। केवल इसी अवस्था में

आप मौन व सजग हो सकते हैं, इसके पूर्व नहीं। यही कारण है कि कृष्णमूर्ति विफल हुए हैं। क्योंकि मौन चेतना, चुनाव-रहित चेतना, इसी बिंदु पर संभव है, इसके पूर्व कदापि नहीं।

**योगाचार्य क्रियानंद :** सटोरी, क्षणिक झलक के बाद ?

**ओशो :** सटोरी, क्षणिक झलक के बाद। उसके पूर्व कदापि नहीं। जब हम पूर्ण मौन चेतना को उपलब्ध हो जाते हैं तो आखिरी विस्फोट होता है। आप 'बाहर व भीतर' के पार चले जाते हैं। इसका अर्थ है कि आप स्वयं उस विस्फोट में मिट जाते हैं। अब कोई रिकार्डिंग नहीं है क्योंकि अब सारी व्यवस्था ही खो गयी। इसी बिंदु पर है—निर्वाण, ब्रह्म-उपलब्धि, मोक्ष या आप जो भी नाम दें। इसे कभी भी रिकार्ड नहीं किया जा सकता। इसे कभी भी अभिव्यक्त नहीं किया जा सकता।

**योगाचार्य क्रियानंद :** इसके बाद भी क्या कोई शरीर में रहता है ?

**ओशो :** अवश्य, क्योंकि शरीर का कार्य एक भिन्न बात है। वह अपने से है और उसकी अपनी प्रक्रिया है। कोई चाहे तो वहां रह सकता है या उससे बाहर हो सकता है। हमें लगेगा कि कोई घर में रहता है परंतु उसके लिए अब कोई घर नहीं।

**योगाचार्य क्रियानंद :** परंतु शरीर तो है ?

**ओशो :** हां, शरीर है, पर उस तरह नहीं, जिस तरह हम उसे जानते हैं। तब सारा ब्रह्मांड शरीर हो जाता है।

**योगाचार्य क्रियानंद :** परंतु फिर भी व्यक्तिगत शरीर तो है ही ?

**ओशो :** नहीं, नहीं, वह सिर्फ हमारे लिए है। हमें लगता है जब भी उस अवस्था के बारे में सोचते हैं, बात करते हैं, तब ही एक समस्या खड़ी हो जाती है। यह पांचवीं अवस्था—जब भी हम इसके बारे में बात करते हैं तभी एक पहेली बन जाती है। इसलिए इसे कभी भी नहीं समझाया जा सकता। किसी भी तरह का स्पष्टीकरण नयी समस्याएं, नए विरोधों को जन्म देता है।

**योगाचार्य महेंद्र** : तो आप कहते हैं कि पांचवीं अवस्था में व्यक्ति-चेतना का विस्फोट होता है ?

**ओशो** : हर वस्तु का विस्फोट—जो कुछ भी था। अब कुछ भी शेष नहीं बचता। यह पांचवीं अवस्था समस्त का विस्फोट है, जो भी आप थे—आपकी स्मृति, आपकी बुद्धि, आपका अहंकार, आपका व्यक्तित्व, आपका अस्तित्व व आपकी आत्मा ! जो कुछ आप थे, अब नहीं है। आप उस सब के पार हैं। अब 'आप' हैं ही नहीं। अब आप सर्व हैं— यही ब्रह्म-चेतना है।

विधि आपको सटोरी, क्षणिक झलक तक अर्थात् चौथे चरण तक ले जा सकती है। पांचवां चरण विधि के पार है। चौथे तक ही मार्गदर्शन संभव है। इसलिए कृष्णमूर्ति मार्गदर्शन की बात नहीं करते, क्योंकि पांचवां किसी भी मार्ग-दर्शन के बाहर की बात है। साइलेंट अवेयरनेस यानि मौन-चेतना सर्वदा ही मार्ग-दर्शन के पार है। या तो वह है, या फिर नहीं है।

**योगाचार्य महेंद्र** : क्या इस विस्फोट में कोई सजग रह पाता है ?

**ओशो** : नहीं, नहीं। सजगता या असजगता का फिर प्रश्न ही नहीं है, क्योंकि चौथे के बाद व पांचवें के पहले दोनों का अर्थ ही खो जाता है। न वह चेतना है, न मूर्च्छा। यह बीच का, बाहर जाने व भीतर आने का, काल है। हमें दोनों के प्रति सजग होना है।

**योगाचार्य महेंद्र** : परंतु क्या यह अस्तित्व की अवस्था है ? मैं सोचता हूं यह अस्तित्व है ?

**ओशो** : अस्तित्व ही है, न कि अस्तित्व की अवस्था। वस्तुओं का अस्तित्व होता है, अस्तित्व का अस्तित्व कभी नहीं होता। अस्तित्व का अस्तित्व है, यह दो शब्दों की पुनरुक्ति है। अस्तित्व बस है—इसलिए यह प्रश्न ही नहीं होता कि अस्तित्व है या नहीं।

बुद्ध से भी कई बार यह प्रश्न पूछा गया था—परम चेतना को उपलब्ध व्यक्ति को क्या अनुभव होता है ? वह कहां होता है ?

उसका अस्तित्व होता है या नहीं। आपका अस्तित्व होगा या नहीं? बुद्ध से यह प्रश्न निरंतर ही पूछा गया और उन्होंने कहा—'यह असंगत है... यह न पूछें, यह प्रश्न पूछा ही नहीं जाना चाहिए...' उन्होंने ग्यारह प्रश्न पूछने की मनाही कर दी थी। और उनमें एक प्रश्न यह भी था! इसका यह अर्थ नहीं कि बुद्ध जानते नहीं थे, परंतु इस संबंध में किसी भी प्रकार का कथन नई भ्रांतियां ही उत्पन्न करता है।

**योगाचार्य महेंद्र**: जीवन का लक्ष्य क्या है?

**ओशो**: नहीं, कोई लक्ष्य नहीं।

**योगाचार्य महेंद्र**: व्यक्तिगत रूप से न सही। सामान्यतया, जब हम इस संसार में रहते हैं और हमें बहुत-से कार्य करने होते हैं, हमें कई परिवर्तनों में से गुजरना पड़ता है। कभी हम योग करते हैं, कभी एक प्रकार का अनुशासन, तो कभी कोई दूसरी विधि। इसका क्या उद्देश्य है? क्या इस रहस्य को कोई हल कर सकता है? आखिर, हम यह सब क्यों कर रहे हैं?

**ओशो**: जब आप कहते हैं कि यह एक रहस्य है तो फिर इसका हल नहीं हो सकता, और अगर इसका हल हो सकता तो फिर यह रहस्य नहीं। यह एक रहस्य है। और कोई लक्ष्य नहीं है क्योंकि रहस्य में कोई लक्ष्य नहीं हो सकता। रहस्य में कोई उद्देश्य नहीं हो सकता। केवल खेल हो सकता है—'प्लेफुलनेस'—लीला। इसलिए यहां पूरा अस्तित्व ही ऊर्जा का एक खेल है, जो है। यह सब, सारा जगत्—उस सदैव विद्यमान ऊर्जा का खेल मात्र है। और खेल का अर्थ है वह, जो निरुद्देश्य हो, या खेल का अर्थ होता है वह, जिसका अपना ही उद्देश्य है। वह उद्देश्य के अतीत होता है। उसमें कुछ भी उपलब्ध करने को नहीं होता। बस, खेलने की क्रिया ही उपलब्धि है।

इस तरह जीवन का कोई उद्देश्य नहीं, क्योंकि बस जीना ही अपने में उपलब्धि है। आप कितनी ही तरह से जीते हैं—वह भी ऊर्जा

का ही बाहर की ओर बहना है—एक निरुद्देश्य ब्रह्मलीला। वह निरुद्देश्य है, इसलिए वह एक रहस्य है। लेकिन पश्चिम इस बात को, इस निरुद्देश्यता को कभी नहीं समझ सका, यही एक कारण है कि पश्चिम धार्मिक चित्त दशा को उपलब्ध नहीं हो सका। पश्चिम का सारा जोर खोज पर और अधिक उत्सुकता से जानने की जिज्ञासा पर है, फिर भी वह धार्मिक कभी नहीं हो सका। पश्चिम कभी यह अनुमान ही नहीं कर सका कि यह जगत्, यह जीवन निरुद्देश्य है। यह अर्थहीन लगता है . . . यह अर्थहीन ही है। परंतु पूर्व इस अर्थहीनता में भी अर्थ देख सका; अनुमान लगा सका। निरुद्देश्यता में भी उसका अपना आंतरिक मूल्य देख सका। 'जीवन है'—बस इतना ही। अस्तित्व है, इतना बहुत है। अधिक के लिए क्यों पूछें? अस्तित्व से अधिक और हो ही क्या सकता है? और जब आप चौथे चरण में प्रवेश करते हैं, यह अनुभूति होने लगती है—सटोरी, क्षणिक झलक में। जीवन एक हो जाता है। इसीलिए झेन फकीर हंसते हुए हैं, न कि गंभीर।

गंभीर व्यक्ति का अर्थ होता है, जिसने कि अभी उस चमत्कार, उस रहस्य को नहीं जाना। इसलिए एक गंभीर व्यक्ति कभी धार्मिक नहीं हो सकता। चौथी अवस्था में, मन की सटोरी, क्षणिक झलक की अवस्था में, आप प्रसन्नचित्त हो जाते हैं। जीवन एक मजाक हो जाता है . . . उसके प्रति कोई गंभीरता का भाव नहीं रहता। आप उस पर हंस सकते हैं। इसीलिए, झेन फकीर बुद्ध पर हंस सकते हैं। कितना सुंदर! कितना अपूर्व! . . . ऐसी उपलब्धि कभी भी कहीं नहीं हुई।

**योगाचार्य महेंद्र:** परंतु लोग ऐसी स्थिति से डरते हैं, क्योंकि वे समझते हैं कि इससे समाज की व्यवस्था बिगड़ जाएगी।

**ओशो:** वह तो बिगड़ेगी, क्योंकि समाज की रचना गंभीरता से ग्रस्त लोगों द्वारा की गयी है। और पूरा समाज इस गंभीरता के विशेष रोग से पीड़ित है। इसने सब पर प्रभुत्व जमाया है। इसलिए प्रत्येक बात

सीमाबद्ध है, एक ढांचे में है—वर्गों में बंटी है। सब कुछ सीमा से बंधा है। परंतु खेल को, क्रीड़ा को सीमा में नहीं बांध सकते।

जब मैं किसी से प्रेम करता हूं, तो वह एक खेल है। परंतु जब वह विवाह में बदल जाता है तो खेल बिदा हो जाता है। तब वह एक गंभीर मामला बन जाता है। प्रेम सदैव ही खेल है, लीला है। और इसलिए वह हमेशा ही क्षणिक होता है। वह आता है और जाता है। परंतु विवाह स्थिर है। वह आता है और कभी नहीं जाता। वह एक योजना है। वह एक सीमा है। वह एक व्यवस्था है।

**योगाचार्य क्रियानंद :** तो क्या विवाह कभी आध्यात्मिक नहीं हो सकता?

**ओशो :** हां, वह कभी आध्यात्मिक नहीं हो सकता। विवाह कभी भी आध्यात्मिक नहीं हो सकता। यह केवल एक उदाहरण है... पूरा समाज कभी भी आध्यात्मिक नहीं हो सकता, क्योंकि यह नियमों पर आधारित है, गंभीर नियमों पर। आप उन्हें कभी भी खेल में नहीं ले सकते।

जब बोधिधर्म चीन पहुंचा तो उसने एक जूता सिर पर और एक पांव में पहन रखा था। वहां के राजा ने पूछा, 'यह तुम क्या करते हो? यह कैसी मूर्खता है?' बोधिधर्म ने कहा, 'मैं विनोद कर रहा हूं।' परंतु राजा ने कहा कि, हम एक साधु से ऐसे विनोद की, हंसी की आशा कभी नहीं करते थे! बोधिधर्म ने जवाब दिया कि एक साधु के लिए गंभीरता कैसे संभव है? परमात्मा ही गंभीर नहीं है। वही लीला कर रहा है... कितनी अविरल लीला!... और सृजन भी लीला से ही, खेल से ही होता है। इसलिए, इतनी सारी सृजनात्मक सटोरी क्षणिक झलक में से उत्पन्न हो सकी।

**योगाचार्य महेंद्र :** क्या आप सोचते हैं, कि लोगों को आत्मज्ञान इसी अवस्था में होता है?

**ओशो :** यह सब गंभीरता से पीड़ित मनुष्य का अनिवार्य अंग है—यह ज्ञान, यह अनुभव, वह अनुभूति। गंभीर मनुष्य यहां भी उपस्थित

हो गया है। वह ज्ञान का भी वर्गीकरण कर रहा है। वह कहता है—मेरा ज्ञान पर पूर्ण अधिकार है; मुझे ज्ञान है, और तुम्हें ज्ञान नहीं; मैं तुम्हें ज्ञान सिखाऊंगा। आप देखते हैं कि यह फिर गंभीर समाज को नए ढांचे देने का प्रयास है। धार्मिक समाजों की रचना इसी के लिए होती है। यही अंततः धार्मिक समाज, संस्था, आश्रम, विहार-मठ आदि बनते हैं... गंभीर मनुष्य फिर उपस्थित हो गया है। परंतु आध्यात्मिक मनुष्य सदैव क्रीड़ायुक्त होता है। उसका जीवन बस एक लीला है; खेल है। वह जो भी करता है, उसमें कहीं गंभीर नहीं होता। नया कभी गंभीरता से नहीं जन्मता। गंभीरता केवल पुराने को दोहराती है, क्योंकि गंभीरता हमेशा ही सुरक्षा की भाषा में सोचती है, नियमों पर विचार करती है। और नियम पुराने में से ही आ सकते हैं, परंपराओं में से ही निकल सकते हैं... रोज नए नियम नहीं खोजे जा सकते। ... इसलिए, गंभीरता, सुरक्षा आदि नियमों पर निर्भर करती है, और नियम पुरानी परंपराओं में से आते हैं... जबकि एक प्रसन्नचित्त मनुष्य हमेशा असुरक्षित होता है; उसकी सुरक्षा की कोई गारंटी नहीं है। एक प्लेफुल—प्रसन्नचित्त मनुष्य हमेशा सब कुछ खोने के कगार पर खड़ा रहता है। वह तो बस खेलता है, वह गंभीर नहीं होता।

चौथी अवस्था में हर प्रकार की गंभीरता जाती रहती है। वही केवल चौथी अवस्था का लक्षण है। किसी भी प्रकार की गंभीरता मूर्खता लगती है। इसीलिए जो मनुष्य सटोरी, क्षणिक झलक को उपलब्ध कर लेता है वह विद्रोही हो जाता है... क्योंकि उसे सब प्रकार की गंभीरता के विरुद्ध विद्रोह करना है।

**योगाचार्य महेंद्र :** ठीक है, परंतु समाज के प्रति सुरक्षा भी तो आवश्यक है। अगर बहुत लोग इस तरह विद्रोही हो जाएं, तो उन्हें नियंत्रित करना असंभव हो जाए।

**ओशो :** उसकी कोई आवश्यकता नहीं।

**योगाचार्य महेंद्र :** क्या वे स्वयं से ही नियंत्रित हो सकते हैं?

**ओशो:** इस नियंत्रण की ही धारणा ने सारे संसार को गड़बड़ में डाल रखा है। जैसे ही आप नियंत्रण की भाषा में सोचने लगते हैं, आप दमन करना आरंभ कर देते हैं, आकृति देना आरंभ कर देते हैं। आप एक खास प्रकार के ढांचे बनाने लगते हैं और व्यक्ति को नष्ट कर देते हैं। और बड़ा विरोधाभास लगेगा यह कि जब आप व्यक्ति को नष्ट करते हैं, व ढांचे व प्रकार बनाते हैं तो उससे बहुत अव्यवस्था पैदा होती है।

यह अव्यवस्था विद्रोही मन के कारण नहीं है; यह अव्यवस्था तो केवल प्रतिक्रिया है—मृत व्यवस्था के प्रति। यदि एक दिन के लिए भी विद्रोही मन जीत जाए तो कोई अव्यवस्था नहीं रहेगी... वास्तव में, व्यवस्था और अव्यवस्था एक ही सिक्के के दो पहलू हैं।

जो व्यक्ति व्यवस्था स्थापित करने की कोशिश करता है, वही अव्यवस्था को पैदा करता है। वह मन, वह रुख, जो अनुशासन प्रयुक्त करता है, वही अनुशासन हीनता उत्पन्न करता है। आपका अहंकार उस व्यक्ति के प्रति प्रतिक्रिया से भर जाता है, जो आपको अनुशासित करने में मजा लेता है... परंतु यह केवल प्रतिक्रिया है, न कि विद्रोह। विद्रोही तो चौथी अवस्था के बाद, सटोरी के बाद, ही पैदा होता है। इसलिए बहुत सारे लोग विद्रोही नहीं हो सकते; केवल एक जीसस, एक बुद्ध, एक सुकरात, केवल बहुत थोड़े से लोग विद्रोही हो सके। परंतु प्रतिक्रियावादी तो बहुत हैं—जैसे साम्यवादी—मार्क्स, बकुनिन, लेनिन, माओ। ये सब प्रतिक्रियावादी हैं। ये विद्रोही लोग नहीं हैं... विद्रोही व्यक्ति तो एक अद्‌भुत घटना है, और तभी हम ठीक से जिएंगे जिस दिन यह सारा संसार ही विद्रोही बन जाए।

**योगाचार्य महेंद्र:** क्या यह संभव है कि इस क्रीड़ामय मन व अ-गंभीर रुख से लोग इतने आश्चर्यजनक आविष्कार कर सकें व सृजनात्मक कार्य कर सकें? क्योंकि इन सब कार्यों के लिए हमें अधिक एकाग्रता की

आवश्यकता होती है, न कि चंचलता की।

**ओशो :** बल्कि और अधिक खोज, और अधिक आविष्कार होंगे, क्योंकि हर प्रकार के आविष्कार सदैव खेल में ही संभव हुआ है।

**योगाचार्य महेंद्र:** यह बात मैं कला व संगीत के बारे में तो समझ सकता हूं, परंतु विज्ञान के संबंध में क्या खयाल है ?

**ओशो :** विज्ञान के बारे में भी यही सही है। विज्ञान भी खेल से ही पैदा होता है... एक आदमी खेल रहा है, वह अपनी प्रयोगशाला में कितने ही तरह के तत्त्वों के साथ खेल रहा है, जबकि वह प्रयोग कर रहा है। आइंसटीन, आर्कमिडीज, न्यूटन आदि सब खेल रहे थे। और अद्भुत्, घटनाएं होती हैं जबकि आप गंभीर नहीं होते, एकाग्रचित्त नहीं होते, बल्कि चित्त की आनंद दशा में होते हैं।

न्यूटन सेव के वृक्ष के नीचे बैठा है... और एक सेव गिरता है और कुछ घटित होता है। आर्कमिडीज अपने स्नान टब में लेटा है और कुछ घटना हो जाती है। वह टब से नंगा बाहर चिल्लाता हुआ दौड़ पड़ता है, 'यूरेका ! यूरेका !'...'मैंने पा लिया'... आइंसटीन को साबुन के बुलबुलों से खेलने का बड़ा शौक था। वह घंटों टब में पड़ा रहता और साबुन के बुलबुलों से खेलता रहता। जगत् की धारणा साबुन के बुलबुलों से ही उसे मालूम हुई। साबुन के बुलबुलों से खेलते हुए ही बढ़ते व विलय होते साबुन के बुलबुलों से ही उसे इस बढ़ते हुए जगत् की धारणा का खयाल पैदा हुआ।

मानव का इतिहास, बड़ी संख्या में सब लोगों का इतिहास नहीं है—वह अनुयायी, गंभीर, कानून बनाने वाले, शासक और शासितों का इतिहास नहीं है। बड़ी संख्या में लोगों ने एक भी अद्भुत रचना नहीं की; न कोई आविष्कार, न कलाकृति, न काव्य और न संगीत। बल्कि कुछ ही विकसित लोगों ने, जो कभी अपनी जिंदगी के बारे में गंभीर न रहे, नई रचना की। वरना, अधिकतर लोगों ने भी तो व्यापार करना चाहा या कोई फैक्टरी खोली। इसीलिए प्रोफेसरों ने कभी कुछ नया नहीं रचा। नई खोज तो सदा

अज्ञात कोनों से आई, जहां कि लोग अपने जीवन से ही खिलवाड़ कर रहे थे। प्रथम बात तो जीवन से खिलवाड़ करना है, तभी इतनी अद्‌भुत घटनाएं घटित हो सकती हैं। धर्म, विज्ञान, कला आदि सब कुछ अगंभीर व मौजी मन से ही सदैव पैदा होता आया है। मेरे लिए, जीवन में कोई लक्ष्य नहीं, कोई उद्देश्य नहीं।

जीवन ही पर्याप्त है, और वह इतना अधिक है कि आप कह सकते हैं कि वह आवश्यकता से अधिक है।

**योगाचार्य महेंद्र**: अंतिम प्रश्न। मान लीजिए, इनका *(मां योग भक्ति का)* कुछ लक्ष्य है, कुछ मिशन है, और ये चाहती हैं वह भी चलता रहे दूसरी बातों के साथ...ऐसा कहां तक इनके लिए संभव है?

**ओशो**: नहीं, नहीं, एक साथ दो नावों में यात्रा नहीं हो सकती। वह आपको तोड़ देगी। मिशन के अर्थों में सोचिए ही मत। उसे जाने दें; और वह आपके लिए एक बड़ी उपलब्धि होगी। मिशन को जाने दें उसके जाते ही आपके भीतर जो उस तरह सोचनेवाला मन है, वह विलय हो जाएगा... ऐसा रुख चालू नहीं रखें।

**मा योग भक्ति**: परंतु मैं पूछना चाहती हूं कि इस तरह जब लोग कुछ विलय करना चाहते हों या नहीं, अथवा उसके बारे में मात्र सोचते ही हों, तो भी एक बड़ी भारी असुरक्षा की भावना पैदा होती है, जैसा कि अभी आपने समझाया... और ऐसी स्थिति, कभी-कभी लोगों के जीवन को बिल्कुल तोड़ देती है। और यदि वे ठीक वातावरण में नहीं हैं तो यह बड़ा कठिन हो जाता है, क्योंकि तब कोई मार्गदर्शक भी तो नहीं रहता।

**ओशो**: यह बात गलत है और ईमानदारी की नहीं है। यदि वह तैयार हैं तो फिर कोई घबराने वाली बात नहीं, और सब कुछ ठीक हो जाएगा। इसलिए मैं कह रहा हूं कि यदि वह प्रयोग करे तो वह सब होगा। उसे होना ही होगा... मिशन को जाना ही होगा, और उसे जाना भी चाहिए। ये सब बातें... सब प्रकार के प्रचारक केवल राजनीतिज्ञ ही हैं—धर्म, मिशन, उद्देश्य, संगठन आदि के वेश में... नेतागिरी,

प्रधान, गुरु-शिष्य—यह सब बकवास है। वह जाएगी ही। परंतु अगर आप इसे जानते हैं तो यह सरलता से जाएगी... और आप दूसरों को टूटने से बचने में सहायक हो सकते हैं।

**योगाचार्य महेंद्र:** परंतु उस स्थिति में, लोग कैसे प्रबंध करेंगे और कैसे अपने जीवन की सामान्य आवश्यकताओं की पूर्ति कर पाएंगे?

**ओशो:** *(मुस्कराते हुए)* जीवन स्वयं सब प्रबंध करता है। मनुष्य ने कभी कोई प्रबंध नहीं किया। जिन्होंने भी उसका प्रबंध करने का प्रयत्न किया, कुछ न कर पाए, बल्कि उसे मार डाला। जीवन इतना शक्तियुक्त है कि वह स्वयं सब प्रबंध कर लेता है। उसका कुछ प्रबंध न करें। आप कौन होते हैं उसके प्रबंध करने वाले? जीवन ही है जो स्वयं अपना प्रबंध कर रहा है, आप भले ही कुछ करें या नहीं।

**मा योग भक्ति:** क्या यह प्रयोग पूरी ऊंचाई तक हो?

**ओशो:** हां, पूरी ऊंचाई तक। आप बिल्कुल ही पागल हो जाएं, तभी आप स्थिर बुद्धि को उपलब्ध हो सकेंगी।

**मा योग भक्ति:** उसके लिए तो मुझे यहां रहना पड़ेगा।

**ओशो:** यहां थोड़े दिन ठहर जाइए। परंतु, अब जहां भी आप जाएंगी, यह आपका छाया की तरह पीछा करेगा; मैं आपका पीछा करूंगा छाया की तरह। अब, मैं आपको परेशान करूंगा।.....*( हंसी का ठहाका )*

**मा योग भक्ति:** मैं भलीभांति जानती हूं... इन अभिव्यक्तियों को जबरदस्ती बाहर प्रकट नहीं होने देना चाहिए।

**ओशो:** उन्हें बाहर निकलने दें। वे आएंगे ही। उन्हें आने दें; जो होता हो, उसे होने दें। आप उनके घटित होने के लिए तैयार हैं। जब आप फिर लौटकर भारत आएं, तो मेरे पास आएं और एक सप्ताह ठहरें। मैं आपके पागल होने में मार्ग-दर्शन दूंगा।

**मा योग भक्ति:** अमरीकी को आध्यात्मिक गहराइयों की आवश्यकता है। अमरीका में कितने ही संन्यासी हैं। सब अमरीकी आसानी से

उनसे सम्मोहित हो जाते हैं। अगर एक भी संन्यासी आता है, तो पूरा न्यूयार्क स्वामी के चरणों में दौड़ पड़ता है। स्वामी आते हैं और जाते हैं। परंतु लोग वैसे ही बेचैन और परेशान हैं। उन्हें शांति चाहिए, मन की शांति।

**ओशो:** वह शांति पीछे-पीछे आती है... विधि के बाद।

**मा योग भक्ति:** मैं समझी...

**ओशो:** आप उसे करती रहें। वह आएगी ही ... । नारगोल शिविर में आपको जो तनाव महसूस हो रहा था उसका कारण नीरवता, शांति अथवा पास में करते या गुजरते लोग नहीं थे, वरन् था आपका स्वयं का अंतर्द्वंद्व। परंतु वह अब चला गया है। आप न्यूयार्क में इसे तीन महीने करें और फिर मुझे लिखें। और पूरी शक्ति से करें ... बिल्कुल पागल ही हो जाएं... तभी वह होगा... मुझे पता है, वह घटित होगा ही।

दूसरी भेंट-वार्ता

# सीमाओं के पार

**ओशो के साथ अमरीका के एक विद्यार्थी प्रतिनिधि मंडल द्वारा बंबई में हुई एक भेंट वार्ता—' बियांड एंड बियांड, का अनुवाद।**

**विद्यार्थी**: कृपया बतलाएं कि भारत का बुनियादी दर्शन क्या है ?

**ओशो**: जहां तक मेरा संबंध है, मैं दर्शन को भारतीय या अभारतीय नहीं मानता। यह संभव भी नहीं है। सारे विश्व का दर्शन एक है—सार्वभौम है। मानव-मन का भौगोलिक विभाजन नहीं किया जा सकता। ये सारे विभाजन, सारी भिन्नताएं राजनैतिक हैं। भारतीय, जापानी, जर्मन, अथवा पूर्वी या पश्चिमी—ये सारे विभाजन राजनैतिक हैं। ये राजनैतिक विचार के कारण उत्पन्न हुए हैं। परंतु हम उनका अकारण प्रयोग करते हैं; अकारण ही नहीं, बल्कि दर्शन के क्षेत्र में उनका प्रयोग निरर्थक भी है। इसलिए भारतीय दर्शन —जैसा कुछ नहीं है, हो भी नहीं सकता। दर्शन सार्वभौम भाव है।

आप तीन आयामों से विश्व को देख सकते हैं। एक आयाम है विज्ञान का, जो वास्तविकता के बारे में प्रयोगात्मक ढंग से सोचता है। दूसरा आयाम है दर्शन का, जो विचार से वास्तविकता को, जानने की कोशिश करता है और तीसरा आयाम है धर्म का जो सत्य के बारे में सोचता ही नहीं, वरन् अनुभव भी करता है।

इसलिए, विज्ञान प्रत्यक्ष पदार्थ के प्रयोगात्मक निरीक्षण व विचार पर आधारित है। दर्शन प्रत्यक्ष पदार्थ के बारे में विचार नहीं करता, बल्कि यह सबजेक्टिव है, स्वयं से संबंधित है। धर्म दोनों का अतिक्रमण करता है। न तो वह आत्म-संबंधी है और न वस्तु संबंधी। धर्म समस्त का समस्त की सीमा में विचार करता है। इसलिए हम 'होली' शब्द का प्रयोग करते हैं। 'होली' का अर्थ होता है वह, जो सब को ग्रहण करता है। इसलिए भारतीय चिंतन जैसा कि हम उसे पुकारते हैं, भिन्न समझते हैं जबकि भौगोलिक रूप से उसमें कुछ बुनियादी नहीं है। परंतु इस भिन्नता को, जब हम उसे भारतीय कहते हैं, मेरे लिए यह अर्थ है कि इस देश ने विश्व को, सत्य को न तो विज्ञान की तरह और न दर्शन की तरह से देखा, बल्कि उसने उसे एक धर्म की भांति जाना। इसलिए यदि आप

चाहें तो यह कह सकते हैं कि इस देश ने, इस भूमि ने, और जो मन यहां निर्मित हुआ, उसने धर्म के मार्ग से सत्य के संसार में झांका, न कि दर्शन के द्वारा और न ही विज्ञान के तरीके से। तीसरा आयाम —धर्म ही हमारे लिए आधार रहा। वास्तविकता के बारे में तो जब आप सोचते हैं तो हर प्रकार का सोचना-विचारना मात्र परिचय बन जाता है, उससे अधिक कुछ भी नहीं।

क्योंकि जब मैं आपके बारे में सोचता हूं, मैं आपसे बाहर हूँ। मैं आपके चारों ओर चक्कर लगा सकता हूँ, परंतु जो कुछ भी मैं जान पाऊंगा वह मात्र परिचय ही होगा। मैं आपके भीतर प्रवेश नहीं कर सकता। मैं आपके अंतस् को नहीं जान सकता। इसलिए, यह एक परिचय है, जान-पहचान ही है।

विज्ञान एक परिचय है, ज्ञान नहीं। इसलिए उसे क्षण-क्षण बदलना होता है। इसलिए विज्ञान कभी पूर्ण नहीं हो सकता। और एक अर्थ में फिलासफी पूर्ण हो सकती है। फिलासफी निरपेक्ष है, क्योंकि हम बाहर नहीं सोच रहे हैं, ब्रह्म के बारे में नहीं सोच रहे हैं, बल्कि मानव के अंतर्जगत के बारे में, उसके अंतस् के बारे में, उसके मन के अंतिम बिंदु के बारे में सोच रहे हैं।

फिलासफी निरपेक्ष हो सकती है, परंतु वह संपूर्ण नहीं हो सकती, क्योंकि ब्रह्म इसमें अलग छोड़ दिया गया है। विज्ञान एक भाग है, फिलासफी भी एक भाग ही है। केवल धर्म ही समस्त है, पूरा है। क्योंकि धर्म में हम वास्तविकता को दो में नहीं बांटते— सबजेक्टिव या आबजेक्टिव। हम वास्तविकता को वैसे ही लेते हैं, जैसी वह है—समग्ररूपेण! इस समग्रता को विचारा नहीं जा सकता, इसे अनुभव किया जा सकता है। इसलिए, धर्म जानना है अनुभूति के द्वारा।

भारत का सारा झुकाव विचार से अनुभूति की ओर है। भारतीय मन, या पूर्वी मन हमेशा ही एक अवैचारिक, अकल्पनीय तथा धार्मिक रहा है। इसलिए, सारे धर्म पूर्व में पैदा हुए, यहां तक कि

ईसाई धर्म भी। पश्चिम ने एक भी धर्म को पैदा नहीं किया। ईसाई, इस्लाम, हिंदू, बौद्ध, जैन, सिक्ख—ये सारे धर्म पूर्व में ही उत्पन्न हुए।

पूर्वी मन ने हमेशा तीसरे आयाम से ही देखा और वही उसकी बुनियादी देन है। मैं 'भारतीय' तथा 'पूर्वी' शब्दों का उपयोग कर रहा हूँ। ताकि तुम्हारे लिए स्पष्ट हो सके अन्यथा उसे भारतीय पुकारने की कोई आवश्यकता नहीं, उसे धार्मिक ही पुकारें। पश्चिम में भी ऐसे व्यक्ति हए, जो धार्मिक थे, जैसे—एकहार्ट, बोह्म, हेडगर, मार्शल, बर्डेन। एक तरह से वे पूर्वी थे जो पश्चिम में पैदा हुए। पूर्व में भी ऐसे व्यक्ति पैदा हुए जो धार्मिक नहीं थे, जो विज्ञान की भाषा में सोच रहे थे। विज्ञान की पहली झलक चीन में आई, परंतु वह विकसित नहीं हो सकी क्योंकि पूर्वी मन तीसरे ही आयाम —धर्म से ग्रसित रहा। पश्चिम भी धार्मिक परंपरा विकसित न कर सका क्योंकि वह हमेशा वैज्ञानिकता से ही ग्रसित रहा। दार्शनिक चित्त के मनुष्य पूर्व व पश्चिम दोनों ही भूखंडों में हुए। अब एक नया संसार जन्म ले रहा है, एक नए प्रकार का व्यक्ति,इस ऐतिहासिक प्रक्रिया में से आ रहा है, वह भविष्य का मनुष्य होगा जो न तो पश्चिम का होगा और न पूर्व का। एक बिल्कुल नया चित्त निर्मित हो रहा है—ग्लोबल माइंड—पूरी पृथ्वी से संबंधित चित्त, एक सार्वभौमिक चित्त। इसलिए, हमें अपने चित्त की गलत धारणाओं को जिनसे हम चिपके हैं, छोड़ना है। पूर्व को अपने धार्मिक चित्त की पकड़ से, तीसरे आयाम से मुक्त होना है। जबकि पश्चिम को पहले आयाम से, विज्ञान से और प्रयोगात्मक ज्ञान से मुक्त होना है । और हमें संसार को, इसकी वास्तविकता को तीनों दिशाओं से देखना है। तब ही केवल एक संकलित ज्ञान, एक ऐसा ज्ञान जो समग्र है, उपलब्ध हो सकता है। जो मानव के लिए सब जगह संभव है और जो सब द्वारों से उपलब्ध हो सकता है।

जब तीनों आयामों को अपना लेता है, एक साथ दार्शनिक, धार्मिक और वैज्ञानिक हो जाता है, तब आदमी समग्र हो जाता है । यदि ये तीनों आयाम एक साथ मन में स्थान पा लेते हैं, तो ऐसा मन वास्तविकता को निरीक्षण के सब आयामों से, सब द्वारों से जान पाने में समर्थ हो जाता है । परंतु , जैसा कि आपने पूछा है कि भारत का बुनियादी दर्शन क्या है तो मैं कहूंगा कि धर्म, अनुभूति का द्वार ही आधारभूत रुख है ।

हमने अनुभूति का उपयोग ज्ञान के साधन की भांति किया है । साधारणत: ज्ञान और अनुभूति दो भिन्न बातें हैं । परंतु अनुभूति के ऐसे ढंग हैं जबकि हम कुछ जान पाते हैं, जैसा कि प्रेम में होता है । आप किसी व्यक्तिं के बारे में विज्ञान के द्वारा जान सकते हैं, पर तब आप केवल परिधि ही जान पाते हैं, तब आप केवल बाहर का घेरा ही, उसका शारीरिक ज्ञान या फिर केमेस्ट्री या बायलोजी या इतिहास ही जान पाते हैं । आप उसके बारे में जान पाते हैं पर उसे नहीं जान पाते । परंतु जब आप उसे प्रेम करते हैं तो आप उसके शरीर-ज्ञान, केमेस्ट्री, बायलोजी, मनोविज्ञान के बारे में नहीं जानते, परंतु आप उसे जान पाते हैं, जो वह है । प्रेम में आप अंतस् में प्रवेश कर जाते हैं । इसलिए, प्रेम भी ज्ञान को पाने का एक आयाम हो जाता है ।

अनुभूति ही उनका आधार रही है, जिन्होंने पूर्व में चिंतन किया है जीया है और जाना है । पश्चिम में लागोस *(संसार को निश्चित रूप से जानने की विद्या),* लाजिक *(तर्क),* तार्किक मन तथा विश्लेषण करनेवाला मन ही आधार रहा है । हमारे लिए अनुभूति, हृदय तथा संयोगिक चित्त ही आधार रहा है । पर फिर भी मैं पूर्वी या पश्चिमी शब्दों के उपयोग के लिए मना करूंगा । धर्म ही सर्वाधिक महत्त्वपूर्ण बात पूर्वीय देशों में रही । इससे आगे आप यदि कुछ पूछना चाहें तो पूछ सकते हैं ।

**विद्यार्थी :** हमने बाइबिल जैसे कई साधनों से जाना है कि परमात्मा ने मनुष्य

को अपनी शक्ल में बनाया है . . . यदि सभी कुछ परमात्मा ने निर्मित किया है तो सभी कुछ अच्छा होना चाहिए। तब फिर यह बुरा या अशुभ, यह शैतान कहां से आया ?

**ओशो :** बहुत-सी बातें ध्यान में रखनी पड़ेंगी। प्रथम, ऐसा सोचना ही कि परमात्मा स्रष्टा है, वास्तविकता को दो भागों में बांटना है —सृष्टि और स्रष्टा ऐसा कोई विभाजन या द्वैत नहीं हैं। स्रष्टा ही सृजन है। संसार और परमात्मा दो वस्तुएं नहीं हैं। सृजन ही स्रष्टा है। यह किसी चित्रकार की तरह नहीं है ? कि चित्रकार एक चित्र बनाता है। जिस क्षण चित्र बनाया जाता है दो वस्तुएं होती हैं—चित्रकार और चित्र। स्रष्टि नर्तक की तरह है जहां नृत्य और नर्तक एक ही है।

जब आप परमात्मा के बारे में द्वैत की भाषा में सोचते हैं तो परमात्मा एक झूठा परमात्मा हो जाता है। परमात्मा कीई ऐसा नहीं है जो भिन्न हो, अलग हो, कहीं दूर बैठा हो इस संसार से और शासन कर रहा हो, सबको चला रहा हो कहीं दूर संसार से हटकर। यह संसार ही, इसका होना ही परमात्मा है। इसलिए परमात्मा शब्द भी मानव-शरीर केंद्रित है। यह हमारा निर्मित किया हुआ है। हमने एक प्रक्रिया को व्यक्ति की भांति ले लिया। परमात्मा कोई व्यक्ति नहीं है बल्कि एक प्रक्रिया है, सतत् बनती हुई, बदलती हुई, सतत् बढ़ती हुई, आगे और आगे। परमात्मा एक प्रक्रिया है। इस तरह मेरे लिए, परमात्मा एक सृजनात्मक प्रक्रिया है। न कि स्रष्टा। दूसरी बात, मनुष्यों ने मनुष्यों की तरह सोचा। सचमुच यह स्वाभाविक है। हमने कहा कि परमात्मा ने मनुष्य को अपनी शक्ल में बनाया। यदि घोड़े सोच सकते तो इस बात को नहीं मानते। वे कहेंगे कि परमात्मा ने घोड़ों को अपनी शक्ल में बनाया। चूंकि मनुष्य ने दर्शनशास्त्र आदि बनाए हैं इसलिए उसने अपने को केंद्र पर रखा। यहां तक कि हमने सोचा कि परमात्मा भी हमारी शक्ल में होना चाहिए। उसे हमें भी अपनी ही शक्ल में बनाना चाहिए।

मनुष्य के अहं ने इन सब बातों को निर्मित किया।

यह कोई ज्ञान नहीं है, यह कोई जानना नहीं हैं। यह मात्र मानव-शरीर केंद्रित भावनाएं हैं। मनुष्य स्वयं को केंद्र पर रखता है। इसलिए, हमने सोचा कि पृथ्वी विश्व का केंद्र है और मानव सृजन का केंद्र है। ये सब धारणाएं झूठी कल्पनाएं हैं, सपने हैं: मानव के अहं के। परमात्मा ने किसी को अपनी शक्ल में नहीं बनाया, क्योंकि सब कुछ उसकी ही आकृति है। पेड़, पृथ्वी, तारे, पशु, आदमी, औरत, सब कुछ जो भी है उसकी ही आकृति है, न कि अकेला मनुष्य।

और फिर हमने संसार को भी बांट दिया शुभ और अशुभ में, अच्छे और बुरे में। संसार इस तरह बंटा हुआ नहीं है। अच्छा और बुरा हमारी मान्यताएं हैं। पृथ्वी पर कोई मनुष्य नहीं हो तो कुछ भी बुरा नहीं होगा, कुछ भी अच्छा नहीं होगा। बस फिर वस्तुएं होंगी। वे होंगी पर उनके अच्छे व बुरे मूल्य नहीं होंगे। सब मूल्य मनुष्य निर्मित हैं वह हमारा आरोपण है, वह हमारा प्रक्षेपण है। इसलिए हम कहते हैं कि कुछ अच्छा है, कुछ बुरा है। जहां तक सृष्टि का संबंध है, सृजनात्मक प्रक्रिया ' है' से संबंधित है, मात्र 'इस ' से, 'है' से, 'होने' से। कुछ भी शुभ नहीं है, कुछ भी अशुभ नहीं है। न रात्री बुरी न दिन अच्छा है। अंधकार भी है, प्रकाश भी है। ये दोनों वस्तुएं नहीं हैं जो भिन्न हों, अलग हों—ये दोनों एक वास्तविकता की दो लहरें हैं। परमात्मा के लिए, अंधेरा अशुभ है। हमारा भयग्रस्त मन हमेशा अंधकार से डरता रहा है। इसलिए, हम कहते हैं कि परमात्मा आलोक है, हम कभी भी नहीं कहते कि परमात्मा अंधेरा है, क्योंकि अंधकार हमारे लिए सदैव ही भयपूर्ण रहा है। कुछ भी बुरा नहीं है।

हम कहते हैं कि जीवन अच्छा मृत्यु बुरी है। परंतु ऐसा कैसे हो सकता है ? मृत्यु तो जीवन का शिखर है, जीवन की पराकाष्ठा है। मृत्यु तो जीवन का अंग-प्रत्यंग है। कोई जीवन-प्रक्रिया संभव नहीं

हो सकती बिना मृत्यु की प्रक्रिया के। इसलिए जीवन और मृत्यु दो अलग चीजें नहीं हैं वरन् एक ही प्रक्रिया के दो पैर हैं। परंतु मरने से डरते हैं। इसलिए हम कहते हैं कि मृत्यु बुरी है। यदि परमात्मा ने ही संसार की रचना की है तो फिर जीवन ही जीवन होना चाहिए था, कोई मृत्यु नहीं होनी चाहिए थी। परंतु यदि ऐसा संभव हो पाता तो वह सर्वाधिक ऊबाने वाला अस्तिव होता। यदि जीवन ही जीवन होता तो हम परमात्मा से मृत्यु की प्रार्थना करते क्योंकि जीवन का भी एक क्षण होता है और मृत्यु का भी एक क्षण होता है। एक क्षण ऊपर उठाने का होता है, एक क्षण नीचे जाने का होता है। बिना चारों ओर खड्डे के कोई शिखर नहीं होता। परंतु हम तो शिखर ही चाहते हैं, न कि खड्डा। वह संभव नहीं है। ये दोनों एक ही वास्तविकता के दो भाग हैं—बुराई और अच्छाई, शुभ और अशुभ।

इसलिए सृजनात्मक प्रक्रिया कर अपनी भावनाएं और अपने मूल्य न थोपें बल्कि यदि आपको सृष्टा का या सृजन का पता लगाना है तो स्वयं के पार जाना होगा, इन सब द्वैतों के पार जाना होगा। द्वैत की भाषा में न सोचें। जब आप गहरे जाएंगे, जब आप बहुत भीतर उतरेंगे तो बुराई अच्छाई में परिवर्तित हो जाएगी। ये एक ही वास्तविकता की लहरें हैं, भिन्न-भिन्न रूप हैं—उसी वास्तविकता के। उदाहरण के लिए, यदि मैं बीमार हो जाता हूँ तो यह मेरे लिए बुरा है, परंतु मेरी बीमारी के कीटाणु हैं, उनके लिए मेरी बीमारी जीवन है और अच्छी है। तब कौन इसका निश्चय करेगा ? मैं या कीटाणु ? यदि मैं स्वस्थ हो जाऊं तो कीटाणुओं को मरना होगा। इस तरह उन कीटाणुओं के लिए मेरा स्वास्थ्य बुरा है और मेरे लिए वे कीटाणु और उनका जिंदा रहना। परंतु परमात्मा की दृष्टि में वे कीटाणु और मैं दोनों समान हैं।

इसलिए, परमात्मा के लिए कुछ भी बुरा या अच्छा नहीं है। वही हममें जीता है और हममें मरता है। वही अंधकार है और वही

प्रकाश है। और इसलिए वही अतिक्रमण है, पार है दोनों के और नहीं भी है। परंतु हमारा मन—युग्म शास्त्रीय मन— हमेशा द्वैत की ही भाषा में सोचता है। वह बिना विभाजन के सोच ही नहीं सकता। जब कभी हम किसी बात के बारे में सोचेंगे, हम उसे दो भागों में बांट देंगे। यही मन की पद्धति है। मन कभी भी एकता की भाषा में, समन्वय की भाषा में नहीं सोच सकता। वह तो हमेशा ही विश्लेषण की भाषा में सोचता है। इसलिए मन के प्रिज्म, संपार्श्व से जो भी गुजरता है विभाजित हो जाता है। प्रकाश तो एक है परंतु वही फिल्म, संपार्श्व में से गुजर कर सात किरणों में बंट जाता है। मन का प्रिज्म , संपार्श्व हर वस्तु को बांट देता है। इसलिए यदि आपको उस अविभाजित को जानना है और अनुभव करना है तो मन के पार जाना होगा। अपने मन को उपकरण की तरह काम न लें। वह आपको द्वैत के बाहर नहीं जाने देगा। तब सृष्टि और सृष्टा होंगे। यह विभाजन झूठा है और यह झूठा विभाजन झूठी समस्याएं खड़ी करेगा, झूठी धार्मिक आस्थाएं और झूठे थियोलोजियन पैदा करेगा आप समस्याएं पैदा करेंगे और फिर उनके समाधान के लिए विचार करेंगे। चूंकि समस्याएं झूठी हैं, समाधान भी गलत होंगे। इसलिए सारी आध्यात्म विद्याएं जो द्वैत पर आधारित हैं, वे झूठी हैं। धर्म अध्यात्मविद्या नहीं है, वह कोई मत नहीं है। अध्यात्मविद्या ईसाई हो सकती है, हिंदू हो सकती है, बौद्ध हो सकती है। परंतु धर्म न तो हिंदू है, न ईसाई, और न बौद्ध है। धर्म तो एक अनुभूति है; समग्र की अनुभूति। और अध्यात्मविद्या एक अनुमान है, धारणा है मूलत: एक गलत द्वैत की। और तब समस्याएं खड़ी होती हैं।

पहले आप विभाजन करते हैं और फिर समस्याएं निर्मित करते हैं और उनके हल करते है अनंत तक। तब कोई समाधान नहीं होता। किसी अध्यात्मविद्या ने आज तक कुछ भी निष्कर्ष नहीं निकाला, बल्कि प्रत्येक अध्यात्मविद्या अधिक गहराई से गलतियों की ओर

गयी है। यही कारण है कि आज की पीढ़ी सभी आध्यात्मिक विद्याओं-बिंदु पर आ गयी हैं इस्लाम, ईसाई मत, हिंदू-मत परित्याग के। नयी पीढ़ी उस बिंदु पर खड़ी है जहां वह कुछ का परित्याग कर सके, अलग हटा सके। क्योंकि आपने ही समस्याएं खड़ी की हैं और आपने ही उनके हल निकाले हैं। आपने मूल बात ही नहीं पूछी कि क्या समस्या प्रमाणिक है या मात्र वह आपके मन की उपज है? क्या समस्या आप द्वारा निर्मित है या सचमुच वास्तविक है? वास्तविकता में कोई समस्या नहीं है और कोई उत्तर की आवश्यकता भी नहीं है। परंतु जब आप सोचते हैं तो समस्याएं खड़ी होती हैं। जब आप कुछ नहीं सोचते और सिर्फ महसूस करते हैं तो कोई समस्या नहीं होती।

इसलिए, धर्म एक प्रक्रिया है विचार से पार जाने की, उस बिंदु को उपलब्ध करने की जहां आपके मन में कोई विचार न हो। आप हैं, पर बिना विचार के, निर्विचार। आप चित्त की उस दशा में हैं जिसे कहा जा सकता है, चित्त की शून्य दशा जहां कोई मानसिक प्रक्रिया नहीं होती।

विचारों से शून्य मन ही ध्यान में होता है। ऐसा मन जो कुछ नहीं सोच रहा है वही ध्यान में होता है। वही ध्यान का अर्थ है। ध्यान का मतलब है अपने विचार की प्रक्रिया के बाहर जाना। जिस क्षण भी आप विचार की प्रक्रिया का अतिक्रमण करते हैं आप अनुभूति को उपलब्ध होते हैं, आप 'जो' हैं उसे अनुभव कर पाते हैं।

यही बात मैं आपसे पहले कह रहा था। बिना विचार के दर्शन का अस्तित्व नहीं हो सकता और धर्म विचार से नहीं हो सकता। दर्शन विचार करता है, धर्म जानता है।

विचार करने का अर्थ होता है ऐसा मन जो नहीं जानता, एक अंधा आदमी प्रकाश के बारे में सोचता है और विचार करता चला जाता है, वह किसी निष्कर्ष पर नहीं पहुंचता क्योंकि वह प्रकाश के बारे में कैसे सोच सकता है? आप उसी के बारे में सोच सकते हैं जो

आपने जान लिया है । और जिसके बारे में आपने जान लिया है उसके बारे में फिर सोचने को कुछ नहीं रहता ।

यही दुविधा है, यही खतरा है । यही मूल पहेली है । जो जानता है, वह सोचता नहीं क्योंकि सोचने की कोई आवश्यकता नहीं । जो कुछ आप जानते हैं, आप जानते हैं, उसमें अब विचार की जरूरत नहीं । जो नहीं जानता, जो अनजान है, सोचता है, पर अनजान कैसे सोच सकता है । एक अंधा आदमी प्रकाश के बारे में सोचता जाता है, परंतु वह सोच नहीं सकता । वह कल्पना भी नहीं कर सकता । वह स्वप्न में भी नहीं देख सकता क्योंकि उसने उसे कभी नहीं जाना । प्रकाश तो दूर रहा, अंधा आदमी अंधकार के बारे में भी नहीं सोच सकता क्योंकि अंधकार को जानने के लिए भी आंखें चाहिए । बिना आंखों के आप अंधकर भी नहीं जान सकते । अंधा आदमी न प्रकाश जानता है और न अंधकार ही । साधारणत: हमं सोचते होंगे कि अंधा आदमी अंधकार में रहता होगा । नहीं, अंधे के लिए कोई अंधकार नहीं । अंधकार भी आंखों के लिए वैसा ही अनुभव है जैसा कि प्रकाश । इसलिए, आप एक अंधे आदमी से नहीं कह सकते कि प्रकाश अंधकार का उल्टा है । वह भी समझ के बाहर है । एक अंधे आदमी को देखना चाहिए और सोचना कभी देखना नहीं बन सकता ।

इसी प्रसंग में एक बात कहने-योग्य है । भारत में हम फिलासफी को दर्शन कहते हैं । दर्शन का अर्थ होता है देखना । हमने उसे सोचना नहीं कहा । हमने उसे कहा 'देखना'— दर्शन । यूरोप से, फिलासफी का दूसरा ही अर्थ लिया जाता है । फिलासफी का अर्थ होता है—जानने का प्रेम, विचार का प्रेम । पश्चिमी भाषाओं में दर्शन का पर्यायवाची कोई शब्द नहीं है । एक नया शब्द हर्मन हेस ने गढ़ा है वह बड़ा चित्ताकर्षक है । उसने एक नए शब्द का निर्माण किया—फिलासिया— देखने का प्रेम । 'सिया' का अर्थ है देखना, फिला का अर्थ है लव यानि प्रेम याने प्रेम और सॉफी का अर्थ है

थिंकिंग—विचार का प्रेम। भारत में हमारे पास इसके लिए कोई शब्द नहीं। हम फिलासफी शब्द को किसी भारतीय भाषा में अनुवाद नहीं कर सकते, क्योंकि हमारा शब्द है—'दर्शन'—जिसका अर्थ होता है देखना; विचारना नहीं; बल्कि देखना। और देखना मन से नहीं होता, वरन् तब होता है जिस क्षण मन मर जाता है, जिस क्षण मन नहीं होता, जिस क्षण मन समाप्त हो जाता है।

हर प्रकार का देखना चाहे वह विज्ञान में हो या फिलासफी में या धर्म में, वह सब मन के न होने की दशा से निकला है। हमें आर्कमिडीज की घटना का पता है। वह सोचता रहा और सोचता रहा पर किसी निष्कर्ष पर नहीं पहुंचा। जब वह अपने ( ईश्वर के विषय में पूर्ण जानकारी रखने वालो) स्नान के टब में लेटा हुआ था उसने कुछ देखा और नंगा ही वह सड़क पर दौड़ पड़ा, 'यूरेका !' 'यूरेका !' चिल्लाता हुआ, मैंने पा लिया, मुझे मिल गया। यदि आप किसी आइंसटीन से, किसी पिकासो से, किसी हैस से पूछें तो वे यही कहेंगे कि कुछ देखा गया। चाहे वह कविता हो, चाहे चित्रकला हो, चाहे वैज्ञानिक खोज हो, उन सबमें कुछ देखा गया और वह देखने का क्षण विचार का क्षण नहीं हो सकता? अवलोकन का क्षण वैचारिक मीमांसा का क्षण नहीं होगा। विचार-मीमांसा बाद में है, प्रतीक्षा में है। जब तार्किक काम नहीं कर रहा है तभी कुछ तुम्हारे ऊपर गिर पाता है; कुछ तुम्हारे पास आता है। या तुम खुद कहीं चले जाते हो—मानव की पकड़ के बाहर हो जाते हो। और तब कुछ जान पाते हो, तभी ज्ञान हो पाता है।

इसलिए, डिकोटामीज— द्वैत को जन्म ही न दें। पहले आप द्वैत पैदा करते हैं, फिर समस्याएं खड़ी करते हैं और फिर उनको हल करने का प्रयत्न करते रहते हैं। बहुत से अध्यात्म के संबंध में जानकारी रखनेवाले शिक्षक हैं , प्रोफेसर हैं और सारी मूर्खता की बातें हैं और सारी उत्पातें उपस्थित हैं। मेरे जानते कोई समस्या

नहीं है। सब समस्याएं अपने आप में झूठी हैं।

**विद्यार्थी :** आपने कहा कि परमात्मा एक सृजन की प्रक्रिया है तो फिर चीजें क्यों पैदा होती हैं? उस सृजन का उद्‌देश्य क्या है? या फिर वह कुछ ऐसा है 'जो है' और हमें उसे बिना किसी कारण या उद्‌देश्य के ही अनुभव करना चाहिए?

**ओशो :** यदि परमात्मा एक व्यक्ति की तरह हो तो यह प्रश्न संगतिपूर्ण है। यदि परमात्मा कोई व्यक्ति हो तो उससे हम पूछ सकते हैं कि तुमने यह संसार क्यों बनाया? परंतु परमात्मा कोई व्यक्ति नहीं। परमात्मा तो एक प्रक्रिया है और आप प्रक्रिया से नहीं पूछ सकते कि तुम क्यों हो? अस्तित्व है बिना कारण के, क्योंकि कारण की तरह सोचने से हम कहीं नहीं पहुंचते। यदि आप एक कारण के पार जाते हैं तो दूसरा कारण उपस्थित हो जाता है और यदि आप उसके भी पार जाएं तो फिर नया कारण खड़ा हो जाता है और 'क्यों' वैसा का वैसा अनंत तक बना रहता है। आप एक 'क्यों' पूछें और आपको फिर दूसरे 'क्यों' से सामना करना पड़ेगा। परंतु यदि परमात्मा कोई व्यक्ति होता तो वो 'व्हाई' —'क्यों' संगत हो जाता। परमात्मा कोई व्यक्ति नहीं। आप उससे नहीं पूछ सकते। आप ही 'वह' हैं। आप स्वयं ही कारण हैं। अस्तित्व अकारण है, अन्यथा आपको अंत तक कारण खोजने होंगे। पर ये बातें अर्थहीन हैं। यदि आप उसे अंतिम कारण बतलाते हैं तो इसका अर्थ होता है कि आप अब नहीं पूछेंगे कि इसका क्या कारण है। यहां तक कि जो व्यक्ति परमात्मा को स्रष्टा की तरह, क्रियेटर की तरह मानता है वह कहता है कि परमात्मा ने ही सृष्टि की रचना की है। वह भी 'क्यों' खोज सकता है और उत्तर पा सकता है परंतु यदि आप उससे पूछें कि परमात्मा क्यों है? वह क्यों है? तब धार्मिक व्यक्ति कहेगा—परमात्मा के होने का कोई कारण नहीं है। वह स्वयं कारण है, इसलिए उसका कोई कारण नहीं।

अस्तित्व अकारण है। आरंभ में कोई कारण नहीं है, इसलिए अंत

में कोई उद्देश्य नहीं है। जब कोई कारण होता है तभी कुछ उद्देश्य हो सकता है। वस्तुत: कोई आरंभ ही नहीं है। क्योंकि यदि कोई आरंभ हो तो कारण भी होना चाहिए। अस्तित्व आरंभ-रहित है। उसका कोई अंत भी नहीं; क्योंकि आरंभ-रहित अंत को भी नहीं पहुंच सकता। इसलिए कोई आरंभ नहीं है, कोई अंत नहीं है। वह शाश्वत है, अकारण है, उद्देश्य-रहित है। लेकिन हमारे मानव-चित्त के लिए यह बात अर्थहीन है क्योंकि हम कारण की भाषा में सोचते हैं, 'कहां से' और 'कहां को' उद्देश्य की भाषा में सोचते हैं। अपनी इन मानवीय सीमाओं के कारण हम सोच ही नहीं सकते कि ऐसा कुछ हो सकता है जो अनादि, अनंत, अकारण और उद्देश्य-रहित है। उसका कोई उद्देश्य नहीं या 'होना' **ही** मात्र उद्देश्य है। 'होना'—टु बी, अस्तित्त्व का होना ही मात्र उद्देश्य है। तब फिर कैसे कुछ कारण हो सकता है और कैसे कोई उद्देश्य हो सकता है? 'होना' ही बहुत है ।

आप इसे दूसरी तरह भी सोच सकते हैं, दूसरे दृष्टिकोण से भी देख सकते हैं। जब आप किसी से प्रेम करते हैं तब आप नहीं पूछते कि इसका क्या कारण है। और यदि प्रेम है जो किसी कारण से आया है तो वह खो जाता है, वह प्रेम नहीं रह पाता । प्रेम अकारण ही खिलता है। यदि आप कोई कारण बतला सकें तो उसका सौंदर्य खो जाएगा। तब फिर वह वैज्ञानिक स्पष्टीकरण होगा। आप नहीं कह सकते किसलिए? प्रेम का कोई उद्देश्य नहीं होता। यदि मैं आपसे प्रेम करता हूँ तो मैं नहीं कह सकता कि क्यों और किसलिए? यदि मैं आपसे किसी कारणवश प्रेम करूं तो फिर वह प्रेम नहीं है। वह तो उद्देश्य-रहित है।

प्रेम में हम परमात्मा के पास होते हैं। इसलिए जीसस ने कहा कि 'प्रेम ही परमात्मा है।' यह नहीं कहा कि परमात्मा 'प्रेम करना है। नहीं, वह अर्थ नहीं है। परमात्मा प्रेम है या प्रेम में हम सृजन की प्रक्रिया के बिल्कुल पास होते हैं। प्रेम शिखर है जहां पहुंचकर हमें

पता चलता है कि धर्म क्या है। प्रेम ही धर्म है, इसलिए जो व्यक्ति प्रेम नहीं कर सकता, प्रार्थना नहीं कर सकता। वह व्यक्ति जो प्रेम नहीं कर सकता, धार्मिक नहीं हो सकता। केवल एक प्रेमपूर्ण चित्त ही धार्मिक हो सकता है, क्योंकि केवल प्रेमपूर्ण हृदय ही निरुद्देश्यता की, अकारण की भाषा में सोच सकता है। प्रेम पर्याप्त है, वह उसके आगे कुछ नहीं मांगता। वह स्वयं अपने में परिपूर्ण है। वह अपने में पूरा है। प्रेम का एक क्षण भी शाश्वतता है अपने में।

इसलिए जब हम पूछते हैं क्यों? कहां? कैसे? तो हम धार्मिक प्रश्न नहीं पूछ रहे हैं। अगर आप पूछते हैं कैसे? तो प्रश्न विज्ञान-संबंधी बन जाता है। 'कैसे' यह प्रश्न विज्ञान का आधार है। कैसे संघटित हो रहा है? अगर आप पूछते हैं क्यों? तो प्रश्न फिलासफी से संबंधित हो जाता है। पर धर्म में कोई प्रश्न नहीं होता। धर्म के लिए कोई प्रश्न नहीं करता। खोज तो होती है पर कोई प्रश्न नहीं होता। खोज तो होती है कि क्या है? न तो कैसे न क्यों, पर क्या है? सच ही, कैसे का हल आसान है और हम हल करने चले जा सकते हैं और उसका कोई अंत नहीं आता। प्रत्येक समाधान नयी समस्या पैदा कर देता है। 'कैसे'? फिर सामने खड़ा मिलता है।

इसलिए विज्ञान प्रगति करता चला जाएगा। हम ऐसे दिन के लिए सोच ही नहीं सकते जब वैज्ञानिक अपनी प्रयोगशालाओं से निकलेंगे और कहेंगे कि अब हमने प्राप्त कर लिया है।

विचारक भी विचार करते चले जाएंगे —क्यों और क्यों? और उतने ही उत्तर होते चले जाएंगे जितने विचारक होंगे। अगर इस पृथ्वी पर प्रत्येक आदमी विचार करना शुरू कर दे तो लाखों-करोड़ों उत्तर हो जाएंगे। हर एक कह सकता है—इसलिए। परंतु धर्म पूंछता ही नहीं। धर्म तो एक खोज है, न कि प्रश्न करना। यह तो 'जो है' उसकी खोज है। न आरंभ की, न अंत की, न कारण की,

न उद्देश्य की, बल्कि 'क्या है जो है,' उसकी। इस क्षण भी यहां, अभी 'जो है, क्या है' की खोज है।

वैज्ञानिक चित्त खोज करता जा सकता है बिना स्वयं को जरा भी बदले हुए। एक विचारक उत्तरों की ईजाद करता चला जा सकता है बिना एक इंच भी हिले-डुले। परंतु धार्मिक चित्त बिना बदले प्रारंभ भी नहीं कर सकता। जिस क्षण यह पूछना आरंभ करता है कि क्या है, परिवर्तन होता है, रूपांतरण होता है, क्योंकि वह स्वयं उस 'क्या' का अंतरंग हिस्सा है। न तो आप 'कैसे' के अंतरंग हिस्से हैं और न आप 'क्यों के अभिन्न अंग हैं। न तो आरंभ में आपसे पूछा गया था और न अंत के नियोजन के लिए आपसे कहा गया है। हम तो मध्य में हैं, 'है' के बीच में। हम केवल 'जो है' यहां, अभी, इस क्षण, उससे संबंधित हैं।

इसलिए, धर्म वर्तमान से संबंधित है, न भूत से और न भविष्य से। और वर्तमान ही अस्तित्व है। वर्तमान ही केवल समय है। अतीत स्मृति है। भविष्य कल्पना है। वर्तमान ही केवल अस्तित्व है। धर्म अस्तित्व है, निरुद्देश्य, अर्थहीन, अकारण। जो है वह है और आप उससे एक हो सकते हैं और उपलब्ध कर सकते हैं आनंद का क्षण, अस्तित्व का क्षण, जागरूकता का क्षण। इस देश में हमने उसे सत्-चित्त-आनंद कहा है—समग्र जागरूकता का क्षण, समग्र आनंद का क्षण, समग्र अस्तित्व का क्षण। एक बार भी अगर आपको उसकी झलक लग गई तो फिर कोई प्रश्न नहीं रहेगा, कोई समस्या नहीं रहेगी। आप वास्तविकता के साथ आराम से रहेंगे। तब आप वास्तविकता के साथ 'होने दो', 'लेट गो' की मनोदशा में होंगे आप उसके साथ बहेंगे। आप उसके साथ जिएंगे, उसके साथ श्वास लेंगे। आप उसके साथ एक हो जाएंगे, आप वही हो जाएंगे।

**विद्यार्थी :** आपने कहा कि परमात्मा एक सृजनात्मक प्रक्रिया है, कोई व्यक्ति नहीं है, तब प्रार्थना क्या है ? फिर हम किससे प्रार्थना करते हैं ?

**ओशो :** आप प्रार्थना नहीं कर सकते क्योंकि प्रार्थना के लिए कोई भी नहीं है। आपकी प्रार्थना मात्र एक रिक्तता को संबोधित होती है। परंतु आप प्रार्थना की भावदशा में हो सकते हैं। वह बिल्कुल भिन्न बात है। प्रार्थना कुछ ऐसा नहीं है जो की जा सके। प्रार्थना कुछ होना है। व्यक्ति प्रार्थनापूर्ण जी सकता है, वह दूसरी बात है। वह कुछ करना नहीं।

प्रार्थना की भावदशा में होना, प्रेम में होना है, अस्तित्व के साथ प्रेममय होना। प्रार्थना की भावदशा में होना अस्तित्व के प्रति अनुगृहीत होना है। प्रार्थना की भावदशा में होने का अर्थ है संसार के प्रति दुश्मन होना नहीं बल्कि एक मित्र की तरह होना। मेरे लिए, प्रार्थना एक संबोधन नहीं, क्योंकि कोई भी संबोधित करने के लिए वहां उपस्थित नहीं है। प्रार्थना चित्त की एक भावदशा है। वह आपसे संबंधित है, न कि परमात्मा से।

आप बिना वस्तु के प्रेम में हो सकते हैं। वस्तु की कोई आवश्यकता नहीं। आप प्रेम में जी सकते हैं, आप प्रेम में चल सकते हैं, आप प्रेम में सो सकते है। जो कुछ भी आपके संपर्क में आता है आपसे प्रेम पाता है। यदि कोई आपके संपर्क में न भी आए तो भी प्रेम की गंध तो होती है जैसे राह में खिला एक फूल जहां से कोई नहीं गुजरता फिर भी उसमें सुगंध तो होती ही है। वह किसी से संबोधित नहीं होता, किसी के लिए नहीं होता। इसी तरह प्रार्थना भी आपके प्रेम का अति बहाव है, समस्त के प्रति, जो कुछ भी है उन सभी के प्रति। साधारणत: जिसे हम प्रार्थना कहते हैं वह बचपना है। वह एक तरह से पिता-भाव से ग्रसित है। हमने परमात्मा की कल्पना पिता की आकृति में की है एक बड़े, बहुत महान् पिता, जो कहीं दूर किसी सिंहासन पर बैठा है और हम डरते हुए मांगने जाते हैं और उसका पीछा करते हैं और मांगते जाते हैं।

हमारी सारी प्रार्थनाएं मांग हैं। हमारी सारी प्रार्थनाएं भय से निकली हैं जो भय के कारण किसी आकृति को संबोधित हैं। जो

प्रार्थना की भावदशा में जीता है वह भी कहीं जाता है, पर प्रार्थना नहीं जाती, बल्कि वह स्वयं जाता है। वह अस्तित्व से, सत्ता से संबंधित होता है।

इसलिए यहां तक कि परमात्मा भी मेरे लिए सही शब्द नहीं है। परमात्मा एक व्यक्ति का अर्थ लिए हुए है। 'अस्तित्व' कहीं अधिक सही और ठीक है। जैसे ही हम परमात्मा का नाम लेते हैं, उस महान् पिता की आकृति हमारे मस्तिष्क में आ जाती है। तब हम प्रार्थना करने लगते हैं। परंतु, भय में प्रेम नहीं हो सकता, भय से प्रार्थना नहीं हो सकती। क्योंकि जब मैं आपसे डरता हूँ तो फिर मैं प्रेम नहीं कर सकता।

सारी पुरानी थियोलाजी, अध्यात्मविद्या मानव के डर पर आधारित थी। हम आज भी कहते हैं—एक धार्मिक व्यक्ति गाड-फियरिंग, परमात्मा से डरने वाला होता है। यह एक बड़ी ही असुंदर बात है कि धार्मिक व्यक्ति गाड-फियरिंग होता है, क्योंकि धार्मिक व्यक्ति तो गाड-लविंग होता है। और जहां डर है वहां प्रेम नहीं हो सकता। ये दोनों एक साथ नहीं हो सकते। डर के साथ घृणा रहती है। भय में प्रेम की कोई संभावना नहीं।

प्रेमपूर्ण चित्त प्रार्थनापूर्ण चित्त होता है। परंतु प्रार्थना का कोई पल नहीं होता, कोई अकेला कोना नहीं होता, कोई संबोधन के लिए नहीं होता। आप हैं और अस्तित्व है। इस अस्तित्व के साथ रहना है एक प्रेमपूर्ण संबंध में—पेड़ों के साथ, आकाश के साथ, तारों के साथ, मनुष्यों के साथ, पदार्थ के साथ और सबके साथ जो कुछ भी है। इन सबों के साथ बहुत प्रेम से रहिए। तब आप प्रार्थनापूर्ण होते हैं। तब आप कभी प्रार्थना नहीं कर सकते। बल्कि हर क्षण प्रार्थना आपमें से निकलती है, उसके बबूले आप में से उठते हैं। वह आपके जीवन की सुगंध हो जाती है। वह खिलना है, न कि संबोधन, बल्कि भीतर से बाहर की ओर प्रस्फुटन। मूलत: तीर किसी की ओर नहीं होता किसी की तरफ से सबकी तरफ होता है।

**विद्यार्थी :** जीवन क्या है ? मृत्यु क्या है और मृत्यु के बाद क्या-क्या है ?

**ओशो :** यह प्रश्न अंतिम समझें। 'क्या है' यदि आप इसके बारे में सोचेंगे तो आप इसको विकृत कर देंगे। यदि आप इनके बारे में सोचेंगे तो आप अपनी धारणाएं उन पर थोपेंगे। 'क्या है' इसे तभी जाना जा सकता है जब आपकी कोई धारणा न हो, कोई विचार न हो, कोई सिद्धांत न हो। आपका मस्तिष्क बिल्कुल खाली हो। आपका मन एक रिक्तता, एक शून्यता बन गया हो। जब आपका मस्तिष्क एक गर्भाशय की तरह हो, जब आपका मन ग्राहक हो, जब आपके मस्तिष्क से कुछ भी आरोपित करने के लिए न हो, जब आपका मन बिल्कुल नग्न हो जाए, तभी केवल 'जो है' वह प्रकट होता है। क्योंकि अब कोई विकृत करने के लिए नहीं होता, कोई कल्पना करने के लिए नहीं होता, कोई स्वप्न देखने के लिए नहीं होता, कोई प्रक्षेपण करने के लिए नहीं होता। इसलिए चाहिए कि वास्तविकता के पास बिल्कुल रिक्त और नग्न होकर जाएं, बिना पूर्व निश्चित विचारों के, बिना किन्हीं धारणाओं के और बिना यह जानने के लिए कि वहां क्या होना है और बिना किन्हीं पूर्व मतों और विचारों के। आपको 'कहीं नहीं' में जाना है, आपको शून्य में प्रवेश करना है। तभी केवल आपका मन ग्राहक होता है। और 'तब जो है' वह प्रकट होता है। यहां तक कि उसके बाद भी जब आप दृढ़ता से कुछ कहने लगते हैं, उसे व्यक्त करने लगते हैं तो उसे अभिव्यक्ति न दे पाएंगे। जो कुछ भी जाना है, अनुभव किया है, आप उसे व्यक्त नहीं कर सकते, भाषा उसके लिए पर्याप्त नहीं है, शब्द काफी नहीं हैं। कुछ बहुत बड़ा, कुछ बहुत आयामी, कुछ अकल्पनीय, कुछ अज्ञात आप पर उतरा है कि आप चुप रह सकते हैं, आप मात्र जागरूक हो सकते हैं। परंतु यह भी व्यक्त नहीं किया जा सकता।

इसलिए जितना अधिक आत्मानुभव होगा उतनी ही कम अभिव्यक्ति होगी। सत्य कभी भी कहा नहीं जा सकता। वह जाना जाता है। वह तो जीया गया है, कभी कहा नहीं गया। कोई शब्द, कोई धर्मग्रंथ व्यक्त नहीं कर सका। उन्होंने प्रयत्न किए हैं,

कोशिश की है और कष्ट उठाए हैं उसे व्यक्त करने के लिए, परंतु वह अव्यक्त ही रहा, अज्ञात ही रहा । आप उस तक पहुंच सकते हैं जब आप उसके पास अपना धर्मग्रंथ लेकर न आएं । आप उसके पास आ सकते हैं जब आप अपने धार्मिक मतों को साथ न लाएं आप उसके निकट आ सकते हैं, जब आप अपने प्रश्नों के साथ न लाएं । एक मूक खोज की आवश्यकता है न कि मुखरित प्रश्नों की । आप उसके निकट किसी भी क्षण हो सकते हैं । जब आप किसी पेड़ के नीचे मात्र लेटे हों, आराम कर रहे हों और कुछ न कर रहे हों, समुद्र तट पर जब आप खाली बैठे हों, वह आपको पकड़ सकता है । तारों की रात में आप मात्र हों, मात्र उपस्थित हों और कुछ नहीं कर रहे हों तो वह आपमें प्रवेश कर सकता है ।

इसलिए प्रेम में उसकी झलक मिलती है, क्योंकि जब आप प्रेम में होते हैं तो शब्द चूक जाते हैं, विचार समाप्त हो जाते हैं और अभिव्यक्ति भी खो जाती है । जब आप प्रेम कर रहे होते हैं तो आपके भीतर कुछ मौन हो जाता है । तब कोई संवाद नहीं होता । फिर भी कुछ संवादित होता है । आप मौन हैं, फिर भी संवाद कर रहे हैं । आपके मौन में भी आपके भीतर कुछ आता है, आपके बाहर कुछ जाता है । धर्म संपूर्ण मौन की ओर मुड़ा तीर है । सृजन की प्रक्रिया को सुनने के लिए मौन आवश्यक है । 'जो है' उसे जानने के लिए किसी को संपूर्ण मौन होना चाहिए । परंतु, हर क्षण, हम कुछ न कुछ सोच रहे हैं । यह हमारा सोचना बाधा उपस्थित करता है । यदि आप मुझे सुन रहे हैं और अपने भीतर सोच भी रहे हैं तो फिर कोई संवाद नहीं हो सकता । यदि, जब मैं आपके प्रश्नों के उत्तर दे रहा हूं तब आप नए प्रश्न बनाने में लगे हैं, उत्तरों की तुलना यह सोचते हुए कर रहे हैं कि वे सही हैं या गलत हैं—तो फिर हम एक ध्रुव से दूसरे ध्रुव की दूरी पर हैं । तब कोई संवाद नहीं हो सकता । आपका सोचना आपके और मेरे बीच में बाधा है, और वह बाधा पार नहीं की जा सकती । यदि आप केवल सुन रहे हैं, क्योंकि यह मात्र सुनना बड़ा भारी चमत्कार है, तो यह संवाद

'जो है' उसके बारे में संवाद हो सकता है। यदि आप सिर्फ यहां उपस्थित हैं और कुछ नहीं कर रहे हैं तो कुछ मेरी आंखों से हाथों से, इन मित्रों से जो यहां एकत्र हुए हैं और उसे सबसे जो भी है एक जागरूकता की स्थिति बन सकती है और आप 'जो हैं' उसके संपर्क में आ सकते हैं।

आप पूछते हैं—मृत्यु क्या है ? कोई उसे मरने के पहले नहीं जान सकता। कोई जान भी कैसे सकता है ? आप सिर्फ उसके बारे में सोच सकते हैं ? परंतु वह आप जो सोच रहे हैं सच्ची मृत्यु नहीं है। मृत्यु को जानने के लिए मरना होगा। मृत्यु को जानने के लिए जीना होगा। मृत्यु के बारे में न सोचें। जब तक जीवन है जीएं और जीवन को जानें। और यदि आपने जीवन को जान लिया तो मृत्यु को भी जान जाएंगे, क्योंकि मृत्यु चोटी है, जीवन का शिखर है, जीवन की पूर्णता है।

इसलिए न पूछें कि मृत्यु क्या है। वह आएगी और आप उसमें से गुजरेंगे। परंतु ऐसा संभव है कि मृत्यु आए और आप उसे फिर भी नहीं जानें क्योंकि जब हम जीवन से गुजर रहे हैं तो हम जीवन से अलग नहीं। जब हम जी रहे हैं तो हम पूछ रहे हैं मृत्यु क्या है। इसका उल्टा भी हो सकता है कि जब आप मर रहे होंगे तो पूछ सकते हैं कि जीवन क्या था। एक मरता हुआ व्यक्ति पूछता है कि जीवन क्या था और जीता हुआ व्यक्ति पूछता है, मृत्यु क्या है। जीवित व्यक्ति को जानना चाहिए कि जीवन क्या है। वह उसे जाने, उसके साथ एक हो जाए, घुलमिल जाए, उसे पूरी तरह पी जाए। जीवन को खा ले, और तब फिर मृत्यु को आने दे।

जब आपने दिन को जान लिया है, तो रात आने को है। जब आप दिन के जागरण से अवगत हो गए तो आपको रात्रि की नींद और विश्राम भी विदित हो जाएगी। वह है ही, वह आ रही है। वह कहीं छिपी है, वह आएगी ही। पर उसके लिए पूछें नहीं। जो अभी, और यहीं है। उसे जानें और उसके जाननेवाले, देखनेवाले बनें।

इसलिए जब मृत्यु आएगी तो आप उसे भी जान पाएंगे। जो जीवन को जान पाता है, अंततः मृत्यु से भी अवगत हो जाता है। और जब वह दोनों को जान लेता है तो वह यह भी जान लेता है कि न तो जीवन मृत्यु के विरोध में है और न मृत्यु जीवन के विरोध में। जब उसे दोनों विदित हो जाते हैं तो वह जानता है कि कोई अज्ञात वस्तु जीवन में आ गई और कुछ अज्ञात वस्तु जीवन से छूट गई।

जन्म द्वार है, मृत्यु भी द्वार है, और कुछ अस्तित्व भीतर आया है और बाहर गया है। न कुछ आरंभ होता है और न कुछ अंत होता है। जन्म के पार भी कितने ही जन्में हैं और मृत्यु के पार भी कितनी ही मृत्युएं हैं। मृत्यु के पार भी जन्म है और जन्म के अतीत भी मृत्यु है। यह प्रक्रिया अंतहीन है। यह यात्रा शाश्वत है। पर जानें 'जो है' न पूछें 'जो होगा' क्योंकि आप कैसे जान सकते हैं। आप सिर्फ विचार कर सकते हैं और सिद्धांतों की एक लहर बना सकते हैं। सारे सिद्धांत निर्जीव हैं, अर्थहीन हैं, अनुभूतियां जीवित हैं, अर्थपूर्ण हैं।

इसलिए अनुभव करें। जब आप जीवित हैं तो जीवन को अनुभव करें। तब जब आप मर रहे होंगे तो मृत्यु को भी अनुभव करने में समर्थ हो पाएंगे। और जीवन को जानना जितना आनंदपूर्ण है उतना ही मृत्यु को जानना भी। सबेरे उठना जितना आनंदपूर्ण है उतना ही रात गहरी नींद में सोना भी। दोनों ही आनंदपूर्ण हैं, और आप उन्हें जानें। आप उन्हें पहले से नहीं जान सकते। और यदि आप किसी से पूछते हैं तो जो कुछ आप जानेंगे वह बासा होगा। प्रथम अनुभव नहीं होगा, अनुभव से जाना हुआ नहीं होगा, स्वयं का ज्ञान नहीं होगा। ऐसा ज्ञान नहीं होगा जो आपके भीतर के अंतिम छोर तक प्रवेश कर गया हो, आपके अंतस् के पार हो गया हो। वह हमेशा स्वयं के देखने से, जानने से आता है।

पहले जीवन को जानें। न पूछें कि मृत्यु क्या है जीवन को जानें और जीवन को जानने से आप स्वयं मृत्यु से भी अवगत हो जाएंगे।

और आप 'जो है ' वह दोनों का अतिक्रमण है, न मृत्यु है । आप जी रहे हैं, आप मर रहे होंगे । आपका अस्तित्व दोनों के पार है । पर आप जीवन के साथ तादात्म्य न जोड़ें । यदि आप जीवन के साथ तादात्म्य जोड़ेंगे तो आप मृत्यु को एक दुश्मन की भांति देखेंगे । जीवन को जानें, तब आप जानेंगे कि सबके अतीत, अपरिचित व अज्ञात कुछ है जो कि जीवन में आ गया है । तब आप मृत्यु को भी वापस लौटने के द्वार की भांति अपने उद्‌गम को लौटने की तरह जानेंगे । जीवन है आना, मृत्यु है लौटना । उद्‌गम दोनों के अतीत हैं । मेरे लिए कोई भारतीय दर्शन नहीं । परमात्मा को किसी भी विचार के द्वारा प्रकट नहीं किया जा सकता । परमात्मा कुछ ऐसा है जो सब विचारों के अतीत है, शब्दातीत है । इसलिए हर प्रकार का प्रतिनिधित्व एक धोखा है, झूठ है । हर प्रकार का प्रतीक मृत है, चाहे वह भारतीय हो, चाहे पश्चिमी । चाहे हिंदू हो या ईसाई, इससे कुछ फर्क नहीं पड़ता । ये सब थियोलाजी हैं, सम्प्रदाय हैं, न कि धर्म । और सारी अध्यात्मविद्याएं मनुष्य-निर्मित हैं ।

उदाहरण के लिए, जब जीसस क्रास पर चढ़ने जा रहे थे, तब पिलेट ने पूछा था कि 'सत्य क्या है ?' किसी ईसाई के पास इसका उत्तर अवश्यमेव होगा । हिंदू के पास भी होगा । बौद्ध के पास भी होगा, प्रत्येक के पास इसका उत्तर होगा । परंतु क्राइस्ट मौन रहे । उनके पास कोई उत्तर नहीं था । वे चुप थे । उन्होंने इसका कुछ उत्तर नहीं दिया कि सत्य क्या है, क्योंकि जिस क्षण आप कुछ विश्वास के साथ कहते हैं कि सत्य क्या है वह झूठ हो जाता है । वह दृढ़ता से कभी नहीं कहा जा सकता । वह तो भीतर अनुभव किया जा सकता है, वह तो जीया जा सकता है । परंतु उसे दृढ़ता के साथ कहा नहीं जा सकता । शब्द भाषा, अभिव्यक्तियां इतनी कमजोर हैं, मृत हैं कि जीवित सत्य उनके द्वारा नहीं बतलाया जा सकता ।

क्राइस्ट मौन हो गए परंतु उनकी आंखें मौन नहीं थीं, उनका हृदय चुप नहीं था । उनका पूरा व्यक्तित्व मौन नहीं था । वे पूरे के पूरे ही

अभिव्यक्त कर रहे थे । परंतु पिलेट नहीं समझ सका । वह तो केवल शब्द-द्वारा बोलने की भाषा समझ सकता था । वह समझ सकता था यदि क्राइस्ट उसे किसी सिद्धांत, आकृति, प्रतीक, मत या धारणा के साथ समझाते । पिलेट वापस लौट गया । क्राइस्ट उसके लिए अज्ञात ही रहे इसलिए, मैं जो कह रहा था वह यह है कि किसी भी प्रकार का प्रतीक या मत, किसी प्रकार की थियालाजिकल पद्धति आदि मनुष्य के चालाक दिमाग की खोज है जो कि बड़ा होशियार है हिसाब लगाने में, पद्धतियों से समग्र बनाने में, परंतु वह सब मरा हुआ है । यह धर्म नहीं है । धर्म तो कुछ जीवंत है ।

कहीं पर नीत्से ने कहा है कि क्राइस्ट प्रथम और अंतिम ईसाई थे । वे थे, क्योंकि एक व्यक्ति ईसाई है मात्र कट्टरता के कारण । एक व्यक्ति ईसाई है, वह ईसाई मत को मानकर ही ईसाई है न कि सत्य को जानकर । हिंदू, बौद्ध, ईसाई, मुसलमान, ये सब परंपराओं, शब्दों-शास्त्रों और भाषाओं के बोझ से दबे हुए हैं । मेरे लिए, धर्म कोई भाषा नहीं । और न धर्म किसी भूगोल से सीमित होता है । और न धर्म किसी विशेष जाति से बंधा है । धर्म किसी सेवियर, देवता, अवतार या गुरु से नहीं बंधा है । धर्म तो सबको मिला हुआ है जो भी उसके लिए पूछे, जो भी उसके लिए प्यासा हो । हर जगह, हर काल में, हर समय, हर जाति को और दुनिया के हर कोने में धर्म उपलब्ध है हवा की तरह, अस्तित्व की तरह ।

आदमी को अस्तित्व के साथ एक होना पड़ेगा । उसके साथ एकात्म करना पड़ेगा, धर्म को जानने के लिए ।

**विद्यार्थी** : ओशो, आप जो भी कह रहे हैं बहुत आधुनिक लगता है ।

**ओशो** : जो कुछ भी मैं कह रहा हूं वह आधुनिक नहीं है, वह उतना ही पुरातन है जितना कि आधुनिक । जो कुछ मैं कह रहा हूं वह शाश्वत सत्य है । ऐसा हमेशा ही कहा गया है । ऐसा सदैव अनुभव किया गया है । बुद्ध ने ऐसा ही अनुभव किया, जीसस ने

ऐसा ही अनुभव किया, कृष्ण ने भी ऐसा ही अनुभव किया। परंतु भाषा पुरानी हो जाती है। कथन पुराने हो जाते हैं। गीता पुरानी हो गई है। बाइबिल पुरानी हो गई है। बौद्ध धर्म ग्रंथ पुराने हो गए हैं। हर काल को नए शब्द, नई अभिव्यक्तियां बनानी पड़ती हैं। वस्तुतः बात वही होती है। धर्म शाश्वत है। न वह नया है और न पुराना। जो कुछ मैं कह रहा हूं वह आधुनिक नहीं है, केवल अभिव्यक्ति का ढंग आधुनिक है।

इस तरह सारी अभिव्यक्तियां पुरानी हो जाती हैं। आधुनिक भी पुरानी हो जाएंगी। जैसे ही हम उसके विषय में बोले वह पुरानी, अतीत की हो गई। वह पुराना हो गया। नया सदैव खोजना पड़ता है, क्योंकि हर काल को एक नयी भाषा अपने समझने के लिए चाहिए। हर काल को नए शब्द चाहिए अपने अनुभवों को पहुंचाने के लिए। परंतु सत्य तो समयातीत है, इसलिए न तो वह पुरातन है और न आधुनिक और न वह उतना ही हिंदू है, उतना ही मुस्लिम है। वह उतना ही ईसाई है, उतना ही बौद्ध है। क्योंकि मेरे लिए बुद्ध, मुहम्मद, जीसस जो भी जानते हैं, उसी सत्य को जानते हैं जब वे अनुभव करते हैं तो अनुभूति वही होती है। परंतु जब वे उसे व्यक्त करते हैं तो भाषा भिन्न हो जाती है। वह स्वाभाविक है। बुद्ध भारतीय ढंग से अभिव्यक्त करते हैं, जीसस हिब्रू ढंग से व्यक्त करते हैं और मोहम्मद अरेबिक ढंग से व्यक्त करते हैं। भाषा भिन्न होती है। और भाषा के भिन्न होने से संप्रदाय भिन्न होते हैं। इसलिए, भारतीय और अभारतीय धर्म बने।

पृथ्वी पर आज कम-से-कम तीन सौ धर्म होंगे। तीन सौ भाषाएं हैं यह सच है, परंतु तीन सौ धर्म, यह बकवास है। धर्म तो एक ही हो सकता है, क्योंकि सत्य की अनुभूति, अस्तित्व की अनुभूति भिन्न नहीं हो सकती, विरोधी नहीं हो सकती। जब मैं उसे जानता हूं तो मैं वही जानता हूं जब आप उसे जान जाएंगे तो आप भी उसी सत्य को जानेंगे परंतु मैं उसे भिन्न तरीके से व्यक्त करूंगा और आप

भिन्न तरीके से। भिन्नता सदैव केवल अभिव्यक्ति की होती है न कि अनुभूति की। अनुभूति तो इटरनल है, शाश्वत है। वह न तो हिंदू है न ईसाई।

ये सारे लेबल अवरोध बन गए हैं उस विश्वसत्ता के उस शाश्वत सत्य के नजदीक आने में जिसका न आदि है और न अंत है। ये अभिव्यक्तियां बाधा बन गयी हैं। इसलिए हर काल को पुरानी भाषा, पुराने पैगंबर, पुरानी परंपराओं को हटाना पड़ा। हर काल को अपने खड़े होने के लिए स्वयं अपनी भूमि निर्मित करनी होती है, स्वयं अपना हृदय खोजना होता है, बनाना होता है, अनुभव करने के लिए, और जो है उसे जानने और समझने के लिए स्वयं अपने मस्तिष्क का निर्माण करना पड़ता है।

अभिव्यक्तियां भिन्न होती हैं। अभिव्यक्ति आधुनिक हो सकती थी पर जो अभिव्यक्त किया गया है या जो नहीं किया गया वह पुरातन है। मैं कह रहा हूं, शाश्वत न कि पुराना, क्योंकि सत्य कभी पुराना नहीं हो सकता। वह तो सदैव जीवंत है, नया है, युवा है। वह तो सदैव जीवंत है।

तीसरी भेंट-वार्ता

# उड़ान अकेले की-अकेले के लिए

**ओशो के साथ डाक्टर कुमारी सी. गुइनबर्ट, पेरिस, फ्रांस की हुई दो भेंट-वार्ताओं : 'फ्लाइट ऑफ द अलोन—टु द अलोन' का अनुवाद।**

**डा० गुइनबर्ट :** ओशो, क्या आप कृपया मुझे बतलाएंगे कि योग, योगी और ध्यान से आपका क्या अभिप्राय है ?

**ओशो :** ध्यान के विषय में पहली बात यह है कि ध्यान कोई कृत्य नहीं जिसे किया जा सके । सारे संसार में लोगों का खयाल है कि ध्यान का अर्थ है 'कुछ करना' । यह कुछ करना नहीं,यह कोई कृत्य नहीं । यह कोई ऐसा कार्य नहीं जिसे आप कर सकें । यह वह है जो घटित होता है । यह एक घटना है । यह स्वयं आपके पास आता है । यह ऐसा नहीं जिसके पास आपको जाना पड़े । यह आप में प्रवेश कर जाता है । यह ऐसा नहीं जिसके पास आपको जाना पड़े । यह आप में प्रवेश कर जाता है और आपको एक तरह से तोड़ देता है ताकि यह फिर से आपको निर्मित कर सके । यह इतना शक्तिपूर्ण और असीम होता है कि यह आपके किसी कृत्य का भाग नहीं हो सकता । मेरी दृष्टि में ध्यान वह है जो घटित होता है, जिसे किया नहीं जा सकता ।

इसलिए, फिर हम क्या करें ? आप केवल ऐसी स्थिति उत्पन्न कर सकते हैं जिसमें वह घटित होता है । हम इतना ही कर सकते हैं कि केवल खुले रहें । उस स्थिति में हमारा रहना संभव है जिसमें हम बंद न रहें, न बल्कि वातायन विहीन, द्वार-रहित अस्तित्व की भांति हो जाएं जैसे कि लेबनान के मीनार होते हैं । हम सब तरफ से बंद व अपने में कैद हैं । कहीं कोई द्वार नहीं है । एक तरह से हम अपनी ही शव-पेटिका में बंद, मृत हैं । कोई कह सकता है हम लाइफ-प्रूफ बन गए हैं । जीवन हम तक नहीं आ सकता ।

हमने जीवन के विरुद्ध बाधाएं, अड़चनें पैदा की हैं, क्योंकि जीवन खतरनाक हो सकता है, बेकाबू हो सकता है, जो कि हमारे साथ में नहीं है । इसलिए हमने बाधाएं खड़ी की हैं और जीवन के चारों ओर परकोटे निर्मित किए हैं । ताकि हम निश्चिंत और सुरक्षित हो सकें, हम आराम से रह सकें । यह सीमित जीवन सुखदायी है, परंतु साथ ही मरा हुआ है । जितना अधिक बंद और सीमित उतना, ही

कम जीवित। जितना खुला, उतना ही और अधिक जीवंत।

मेरे खयाल से ध्यान एक ऐसा जीवन *(अस्तित्व)* है, जो सब आयामों के प्रति, सब कुछ के प्रति खुला है। सचमुच, सब कुछ के प्रति खुला होना खतरनाक है। सब कुछ के प्रति खुला होना, बिना किसी शर्त के, असुरक्षित होना है। सर्व के प्रति खुला होना आरामदेह नहीं हो सकता, क्योंकि फिर वह हम पर निर्भर नहीं करता और कुछ भी घटित हो सकता है।

इसलिए एक ऐसा मन, ऐसा चित्त जो सुरक्षा चाहता हो, जो आराम चाहता हो, जो निश्चितता पसंद करता हो, ध्यानी नहीं हो सकता। वह मन जिसे जो कुछ भी जिंदगी दे, सदैव स्वागत करता हुआ हो, यहां तक कि मृत्यु का भी, केवल ऐसा ही मन ऐसी स्थिति उत्पन्न कर सकता है जिसमें ध्यान घटता है। इस तरह, आप ध्यान के लिए चित्त की ठीक भावदशा में हो सकते हो। और बस इतना ही हम कर सकते हैं कि पूर्णतया ग्रहणशील हो जाएं—किसी विशेष घटना के लिए नहीं, वरन् जो कुछ भी आए, उस सबके लिए।

अत: ध्यान, एक तरह से, कोई विशेष आयाम नहीं। यह तो आयाम-रहित अस्तित्व है। एक ऐसा अस्तित्व जो सब आयामों के प्रति बिना किसी शर्त के, बिना किसी चाह के, बिना किसी आशा के, खुला हो। यदि जरा भी आशा है तो द्वार समग्रत: खुला हुआ नहीं है। यदि कोई संस्कार, कोई चाह, कोई 'अगर' शेष है तो फिर द्वार पूरा खुला नहीं। कुछ भी ऐसा न रहे जो बंद हो, और यदि आप पूरे नहीं खुलेंगे तो वह प्राणभूत, प्रबल व निस्सीम घटना आप तक नहीं पहुंच पाएगी। वह अतिथि नहीं हो पाएगी और आप उसके अतिथेय नहीं हो पाएंगे। इसलिए, जहां तक हमारा संबंध है, ध्यान केवल स्थिति उत्पन्न करना है, एक आथाग्राहिणी स्थिति, एक रिसेप्टिव सिच्युएशन का निर्माण करना है।

वास्तव में ध्यान कुछ ऐसा है जो अपने से घटित होता है। इसलिए, हम केवल प्रतीक्षा कर सकते हैं। और ऐसा चित्त, जो प्रतीक्षारत है,

अज्ञात की प्रतीक्षा कर रहा है क्योंकि जो कुछ घटनेवाला है वह ज्ञात नहीं हो सकता। वह कुछ ऐसा है जिसके लिए हम कुछ पूर्वधारणा नहीं बना सकते, कुछ पहले से विचार नहीं कर सकते। हमने उसे कभी नहीं जाना। हो सकता है कि हमने उसके संबंध में कुछ सुना हो। परंतु वह हमारा ज्ञान नहीं। वह अज्ञात ही है। इसलिए अज्ञात के लिए प्रतीक्षा करता हुआ चित्त ही ध्यानी चित्त हो सकता है।

जब आप अज्ञात के लिए प्रतीक्षा कर रहे होते हैं, तब आपका ज्ञान ही उसके लिए विघ्न बन सकता है। आप जानने की चित्त दशा में बिल्कुल न हों। आप पूर्ण अज्ञान की स्थिति में रहें, तभी अज्ञात आप तक आ सकता है। जिस क्षण आपका अज्ञान स्वयं के प्रति सचेत होता है वही क्षण अज्ञात के लिए प्रतीक्षा बन जाता है। इस तरह दो तरह के अज्ञानी होते हैं तथा दो प्रकार के ऐसे लोग होते हैं जो ज्ञान की स्थिति में होते हैं। पहले प्रकार के अज्ञानी वे होते हैं जिन्हें अपने ज्ञान का कोई होश नहीं होता, ऐसा चित्त जो अपनी अज्ञानता के प्रति होश में नहीं होता वह अपने से ही स्वयं को ज्ञानी समझता है। अत: यह निर्बुद्धि ज्ञान है। दूसरे प्रकार का चित्त वह है जो स्वयं के अज्ञान के प्रति सचेत है। यही ज्ञान अज्ञान है। ऐसा अज्ञान जो स्वयं को पूरी तरह जानता है, और जिस क्षण आप अपने अज्ञान के प्रति सजग हो जाते हैं उसी क्षण आप उस जगह आ जाते हैं, जहां से ज्ञान प्रारंभ होता है।

जिस क्षण आप अपने ज्ञान के प्रति सजग होते हैं, उसी क्षण आप स्वयं को अधिक कठोरता से कैद कर लेते हैं। आप स्वयं को एक अधिक बड़े कारागृह में बंद कर लेते हैं। इसीलिए, वह पंडित जो समझता है कि मैं जानता हूं, धार्मिक नहीं हो सकता। पंडित कभी भी धार्मिक नहीं हो सकता। जो सोचता है कि वह सब जानता है, अधार्मिक ही हो सकता है, क्योंकि ज्ञान का अहंकार बहुत ही सूक्ष्म होता है।

जिस क्षण भी आप अपने अज्ञान को समझते हैं, उसी क्षण आपके अहंकार का लोप हो जाता है । अहंकार को खड़े होने की भूमि ही नहीं रहती । वह तब नहीं रह सकता । इसलिए अहंकार पर सबसे बड़ी चोट आपके अपने अज्ञान के प्रति जागते ही होती है। अहंकार पुष्टि के लिए सबसे बड़ी बात ज्ञान का दावा है । इसलिए, दूसरा सूत्र जो है मैं ध्यान के विषय में कहना चाहूंगा, वह यह है कि आपका चित्त अपने अज्ञान के प्रति पूर्णरूपेण जागरूक हो । और आप स्वयं के इस अज्ञान के प्रति जागरूक हो सकते हैं जब आप यह समझ लें कि यह सब जाना हुआ, संगृहीत वह उधार ज्ञान कोई ज्ञान नहीं है । वह है ही नहीं । वह मात्र सूचना है । सूचना ज्ञान नहीं हो सकती, परंतु ज्ञान जैसी दिखलाई पड़ सकती है । वह दिखलाई पड़ती है और बहुत अच्छी तरह, परिपूर्ण । जो जानता है वह अपने ज्ञान के प्रति हठधर्मी, डागमेटिक नहीं होता । वह झिझकता है । परंतु, जो समझता है कि वह जानता है, वह बड़ा कट्टरपंथी होता है । वह निरपेक्ष रूप से दृढ़ होता है । हमें अवश्य खयाल रखना चाहिए कि जो कुछ भी हमने नहीं जाना वह हमारा ज्ञान नहीं हो सकता । हम ज्ञान उधार नहीं ले सकते ।

इसलिए एक थियोलाजिकल चित्त व धार्मिक चित्त में भिन्नता होती है। थियोलोजी, ब्रह्मविद्या, मानव-संसार में सबसे बड़ी गैर-धार्मिकताओं में से एक है और ये ब्रह्मज्ञानी, थियोलाजिस्ट सबसे बड़े गैर-धार्मिक लोग हैं। क्योंकि उधार ज्ञान पर इन्होंने अपना दावा किया है । और ज्ञान कभी दावा नहीं करता, क्योंकि उसमें यथार्थ यह है कि जैसे ही आपने जाना आपका मैं गया। जिस क्षण भी आपको विदित हुआ, आपने जाना उसी क्षण आपका अहंकार मिटा । अहं जाने के बाद ही ज्ञान आता है,इसलिए अहं फिर उसके लिए कोई दावा नहीं कर सकता। परंतु अहंकार सूचनाएं संग्रह कर सकता है । वह बहुत ज्ञान इकट्ठा कर सकता है । वह धर्मशास्त्र के उद्धरण दे सकता है । ध्यान में जाने के लिए आपको संगृहीत ज्ञान से अतिक्रमण करना होगा । और जैसे ही

ज्ञान का अतिक्रमण होता है, सीखना शुरू होता है । सीखनेवाला बिल्कुल भिन्न ही होता है । वह ज्ञान का दावा नहीं करता । वह तो सदैव अपनी अज्ञानता के प्रति सजग रहता है । और जितना अधिक वह सजग होता जाता है उतना ही वह नए के लिए ग्रहणशील होता जाता है ।

जैसे ही आपने कुछ सीखा, कुछ जाना, वैसे ही—उसी क्षण— उसे छोड़ दें । अन्यथा पूरी संभावना है कि वह अतीत का ज्ञान हो जाए । यदि ज्ञान अतीत से आए तो वह भी उधार ज्ञान है, क्योंकि आप अब वही आदमी नहीं हैं । चाहे ज्ञान अतीत से आए या किसी और से, उसमें कुछ अंतर नहीं है । जब मैं आपसे बोल रहा हूं और यदि मेरा वह बोलना अतीत का है, कल का है, तो फिर मैं आपसे नहीं बोल रहा हूं , तब फिर मैं मृत हूं, मृत रिकार्ड हूं । यदि मैं इस क्षण के अनुकूल नहीं हो पाता तो फिर मृत, मरा हुआ—मुझसे प्रकट होने लगता है और, ये असंभव है कि जो मृत है और उस पर भरोसा किया जा सके ।

यदि मैं कल की स्मृति में जाऊं तो फिर मेरे लिए असंभव ही है कि मैं स्वयं को वर्तमान में जीने-योग्य बना सकूं । यदि मैं कल, कल के क्षण जी रहा था तो फिर आज मुझे इस क्षण में ही जीना चाहिए । इसलिए जो कुछ मैं कह रहा हूं वह इसी क्षण मुझमें प्रकट होना चाहिए । और यदि वह मरे हुए कल से आया है, तो फिर वह उधार है । इससे कुछ अंतर नहीं पड़ता कि वह किससे आया है, मुझसे अथवा मेरे अतीत से, वह एक मृत बोझ है । वह ज्ञान नहीं है । ज्ञान सदैव स्वतःस्फूर्त होता है और उसका दावा हमेशा मृत होता है, अतीत का होता है, दूसरे का होता है या चाहे अपना होता है, उसका दावा मरा हुआ ही होता है ।

मेरे अतीत का यह 'मैं' अब मेरे लिए दूसरा है जैसे कि तुम दूसरे हो । बल्कि यह तुमसे भी अधिक दूसरा है, क्योंकि तुम तो फिर भी मेरे पास हो । और यदि तुम अभी मौन हो जाओ तो तुमने 'मैं' हो

जाओगे, मेरे ही हिस्से हो जाओगे। परंतु मेरा 'कल' तो जा चुका। वह कभी का मर गया। अब उसे स्मृति के अलावा कहीं नहीं ? खोजा जा सकता। इसलिए जब तुम अपनी स्मृति से भी उधार लेते हो तो भी तुम जानने के क्षण में नहीं होते इसलिए, स्मरण रहे, दूसरों से उधार नहीं लेना —यहां तक कि स्वयं के अतीत से भी नहीं। बस, प्रतिपल जीना है, और इस तरह जीना है कि जो कुछ भी आए वह जानना बने । अगर मैं तुम्हारी तरफ देखूं तो वह देखना भी जानना होगा—और वह जानना हो सकता है यदि बीच में मेरी स्मृति न हो।

यदि मैं तुम्हारी तरफ अपनी अतीत की स्मृति के द्वारा देख रहा हूं तो मैं तुम्हारी तरफ नहीं देख रहा हूं। यदि मैं तुम्हारी ओर बिना किसी अतीत की स्मृति के बोझ के देख पाता हूं तो मेरी दृष्टि ध्यानपूर्ण हो सकती है। यदि मैं तुम्हें बिना किसी अतीत के अनुभव के बोझ के हाथ से छूता हूं तो वह स्पर्श ध्यानपूर्ण हो जाता है। जो कुछ भी निर्दोषिता से स्वत:स्फूर्त होता है वही ध्यानपूर्ण हो जाता है

इसलिए तीसरी बात जिस पर मैं बल देना चाहता हूं वह यह है कि ध्यानी मन एक ऐसा मन है जो 'क्षण-क्षण' जीता है। वह इकट्ठा जीना नहीं है। मृत, मृत है और अतीत, अतीत। अतीत बीत चुका है और भविष्य अभी आया नहीं है, और अतीत व भविष्य के बीच जो अंतराल है वही केवल जीवित बात है, जीवंत है।

अतीत हमारी स्मृति का हिस्सा है और भविष्य हमारी कामना का। अतीत मानसिक है और भविष्य भी मानसिक है। उनका अपना कोई अस्तित्व नहीं, कोई सत्ता नहीं। वे केवल मनुष्य-निर्मित हैं।

यदि पृथ्वी पर कोई जाति न रहती हो तो फिर न कोई अतीत होगा और न भविष्य ही। केवल वर्तमान होगा— वर्तमान, केवल 'अभी'। न कुछ गुजरा होगा, न कुछ आनेवाला होगा और न कुछ जानेवाला होगा। इसलिए ध्यानी चित्त 'अभी' में जीता है। केवल

वही एक सत्ता है उसके लिए।

एक झेन फकीर को मृत्यु की सजा मिली। वहां के राजा ने उसे बुलाकर कहा कि केवल चौबीस घंटे तुम्हारे रहने के लिए और हैं। तुम किस तरह जीने वाले हो? फकीर हंसने लगा और कहने लगा—'प्रतिपल' 'मोमंट टु मोमंट' जैसे कि मैं हमेशा जीता रहा हूं। 'मेरे लिए' फकीर ने कहा, 'एक क्षण से अधिक कभी नहीं हुआ।' इसलिए चौबीस घंटे हों या चौबीस वर्ष, मेरे लिए क्या फर्क पड़ता है? वे मेरे लिए असंगत हैं। मैं तो हमेशा ही 'क्षण' में जीता हूं? एक क्षण पर्याप्त है । चौबीस घंटे तो मेरे लिए बहुत हैं।' राजा उसकी बात नहीं समझ सका। फकीर ने फिर कहा—'क्या मैं पूछ सकता हूं कि आप दो क्षणों को एक साथ कैसे जीते हैं?' आज तक कोई भी नहीं जी सका।

केवल एक क्षण ही जीना संभव है। दो क्षण कभी एक साथ नहीं मिलते। सदैव एक क्षण ही तुम्हारे साथ में है और वह भी इतना क्षणभंगुर है कि अगर तुम अतीत में ही डूबे रहे अथवा भविष्य में खिंचे रहे तो तुम उसे पकड़ नहीं पाओगे। वह तुम्हारे हाथ से निकल जाएगा।

ध्यानी मन वह मन है जो समय में जीता है। समय उसके पार नहीं जा सकता। जैसे समय आता है, वैसे ही वह उसे जीता है वही कभी इधर या उधर नहीं होता। वह सदैव 'अभी' में होता है। इसलिए जैसे वह आता है, ध्यानी उसे ग्रहण करने के क्षण में होता है। और जो ग्राहक मन है, ग्रहणशील चित्त है, अभी और यहीं है और ऐसी स्थिति उत्पन्न करता है, जिसमें ध्यान घटित हो सकता है।

चौथी बात, जो भी लोग ध्यान के बारे में चर्चा करते हैं, वे उसे गंभीरता से ले लेते हैं। वे उसे कर्म की तरह लेते हैं। न कि खेल की तरह। और, यदि आपने ध्यान को गंभीरता से लिया। तो फिर आप वह स्थिति उत्पन्न नहीं कर सकते, क्योंकि गंभीरता तनाव है

और तनावपूर्ण मन कभी भी ध्यान में नहीं हो सकता। इसलिए आपको उसे खेल की तरह लेना चाहिए, बिल्कुल बच्चों के खेल की भांति। इसलिए जो लोग ध्यान में जाएं, वे बिल्कुल खेल की मन:स्थति में हों— भाररहित, तनावरहित। कुछ भी करने की मनोदशा में नहीं, बल्कि विश्राम की मन:स्थिति में।

यह केवल विश्राम के क्षण में ही संभव है कि वह घटना घटित हो। इसलिए गंभीर व्यक्ति कभी धार्मिक नहीं हो सकता। और सारे धार्मिक व्यक्ति इतने गंभीर हैं कि लगता है कि केवल रुग्ण और मुंह लटकाए व्यक्ति ही धार्मिक हो सकते हैं। ध्यान बिल्कुल बच्चों के खेल की तरह है। आप अस्तित्व के साथ खेल रहे हैं। आप जीवन के साथ खेल रहे हैं। यह कुछ ऐसा नहीं जो अनिवार्य हो। यह कुछ ऐसा है जो बिल्कुल निरुद्देश्य हो। यह कुछ ऐसा है जो स्वयं अपने में ही यथार्थतापूर्ण हो।

ध्यान के द्वारा कुछ भी उपलब्ध करने को नहीं होता; इसे साधना नहीं बनाया जा सकता। परंतु, जैसा कि मैं देखता हूं, जो लोग ध्यान में दिलचस्पी लेते हैं, वास्तव में ध्यान से उनका कोई लगाव नहीं होता। उनका लगाव, उनको दिलचस्पी, किसी और बात में होती है और ध्यान को उसके लिए एक साधन की तरह लिया जाता है। उनका अनुराग मौन में अथवा मन की तनावरहित स्थिति में या किसी और बात में होता है। परंतु उनके ध्यान में कोई अनुराग नहीं होता। इसलिए ध्यान के प्रति वे खुले हुए नहीं रहते।

ध्यान उन्हें ही उपलब्ध होता है जो ध्यान में ही आनंद लेते हैं, जिनका ध्यान ही लक्ष्य होता है। मौन आता है, शांति उपलब्ध होती है, वह सब दूसरी बात है। दिव्य प्रकट होता है, वह सब दूसरी ही बात है। ये सब परिणाम हैं, उपलब्धियां हैं। परंतु इनकी कामना नहीं की जा सकती, क्योंकि इनकी कामना ही तनावपूर्ण मन का निर्माण करती है। दिव्य प्रकट होता है, पर अच्छा होगा कि यूं कहें कि सब कुछ दिव्य हो जाता है, सब कुछ आनंदपूर्ण हो जाता है।

परंतु उसकी कामना नहीं करनी होती। वह तो उपलब्धि है, वह तो अप्रत्यक्ष घटना है। वह तो ध्यान की छाया की भांति आता ही है। यह जीवन का एक रहस्य है कि जो कुछ भी सुंदर है, जो भी सत्य है, जो भी शिव है— वह सब अप्रत्यक्ष ही प्रकट होता है। आप उस पर सीधा वार नहीं कर सकते, आप उस पर सीधे हाथ नहीं धर सकते। अगर कोशिश भी की तो उसे खो देंगे।

आनंद को सीधे नहीं पाया जा सकता। वह सीधा लक्ष्य नहीं है। आप उसके लिए प्रयत्न भी नहीं कर सकते। वह तो आता है जब आप उसकी कोई कामना नहीं कर रहे होते, जब आप उससे बिल्कुल बेखबर होते हैं। वह तब आता है जब आप उसकी कोई प्रतीक्षा नहीं कर रहे होते। वह आता है और आपको जकड़ लेता है। वह सब एक रहस्य की भांति आता है और रहस्य कभी भी सीधा उपलब्ध नहीं किया जा सकता। इसलिए ध्यान किसी और उपलब्धि के लिए नहीं चाहा जा सकता। इसे किसी भी बात के लिए साधन नहीं बनाया जा सकता। इसे साधन बनाया ही नहीं जा सकता।

इसलिए गंभीरता उसके लिए बड़ी बाधा है। और कुछ लोगों को यह बिल्कुल असंभव प्रतीत होता है कि बिना गंभीर हुए धार्मिक कैसे हुआ जा सकता है? सारे धार्मिक लोग बड़े गंभीर हैं। इसलिए ऐसे लोग एक तरह से रुग्ण हैं। वे खेलते हुए बच्चों की तरह मस्त नहीं हैं। मंदिर तो क्रीड़ा-स्थल होने चाहिए—जहां हर व्यक्ति बच्चा हो जाए और अस्तित्व से खेले। ध्यान खेल की पुन: उपलब्धि है।

बचपन तो गया पर आपने वह चंचलचित्त फिर से पा लिया। इसलिए आप रंग-बिरंगे पत्थरों से, फूलों से खेल सकते हैं। आप अब किसी भी वस्तु से खेल सकते हैं। और उस प्रसन्न मन:स्थिति में विश्राम को उपलब्ध हो सकते हैं, बिना खेले भी। इस विश्राम के क्षण में ही वह स्थिति बनती है। आनंद अवतरित होता है और

वह अपूर्व घटना घटित होती है। परंतु ध्यान को कभी कृत्य की तरह नहीं लेना है, और इस तरह जो ध्यान को उपलब्ध होता है, वही योगी है।

**डा० गुइनबर्ट**: योग क्या है और योगी कौन है?

**ओशो**: आप पूछते हैं कि योग क्या है और योगी कौन है? जो व्यक्ति ध्यान में जीता है, ध्यान में ही खाता है, ध्यान में ही नहाता है, ध्यान में ही सोता है, वह योगी है। उसका पूरा अस्तित्व—सब कुछ, जो वह करता है—ध्यानयुक्त है। कहने का अर्थ है कि वह उसी (वर्तमान) क्षण में जीता है। वह अस्तित्व के साथ भी खेल से भरा है। वह कभी गंभीर नहीं होता और जीवन को बोझ की भांति नहीं लेता, बल्कि खेल की तरह लेता है। वह न तो अतीत से संबंधित होता है और न भविष्य से। वह वर्तमान में जीता है, या यूं कहें कि वह वर्तमान ही है!

जीवन एक बहाव बन जाता है। उसका कोई लक्ष्य अथवा गंतव्य नहीं होता क्योंकि खेल में कोई लक्ष्य नहीं। और जब भी हम खेल का लक्ष्य बनाते हैं हम खेल का सारा आनंद ही नष्ट कर देते हैं और उसे एक कार्य बना लेते हैं। कार्य बिना लक्ष्य के जीवित नहीं रह सकता।और खेल लक्ष्य के रहते नहीं हो सकता।

हम लोग इतने गंभीर हो गए हैं कि जब खेलते हैं तब भी लक्ष्य निर्धारित कर लेते हैं कि कुछ जीतना है, कहीं पहुंचना है। हम कुछ भी मात्र करने के लिए नहीं कर सकते, जैसे कि कला, कला के लिए। जिस क्षण कला कला के लिए होती है वह ध्यान हो जाती है। गीत जब गीत के लिए होता है तो वह ध्यान हो जाता है। प्रेम जब प्रेम के लिए होता है तो वह ध्यान हो जाता है।

यदि साध्य और साधन एक हैं तो बात ध्यानयुक्त हो जाती है। यदि साधन आरंभ में है और साध्य अंत में तथा एक शृंखला है, एक प्रक्रिया है, तो वह एक कार्य हो जाता है—गंभीरता से लिया

गया कार्य । तब वह तनाव पैदा करता है, द्वंद्व या बोझ उत्पन्न करता है और आपकी निर्दोषिता को भंग करता है । साधन साध्य है और साध्य साधन । यदि ये दोनों दो नहीं हैं, तो इस भाव से लिया गया कोई भी कार्य ध्यानयुक्त होता है ।

आरंभ ही अंत है । आपका पहला कदम ही अंतिम है । आपका जन्म ही मृत्यु है । मिलन ही जुदाई है । यदि ये दोनों समस्त हैं तो ये एक हैं । तब मन ध्यानयुक्त है । तब कोई बोझ नहीं है । तब जीवन एक लीला है, खेल है ।

जीसस का क्रास एक गंभीर मामला है । परंतु कृष्ण जीए लीला में । कृष्ण का नृत्य ओर जीसस का क्रास लेकर चलना इन दोनों में प्रकारात्मक भिन्नता है । क्रास अवश्य बोझ बना होगा, क्योंकि उसे लेकर चलना था । वह खेल नहीं था । वह एक गंभीर मामला था । इसीलिए ईसाई कहते हैं कि जीसस अपने पूरे जीवन में कभी नहीं हंसे । वे कैसे हंस सकते हैं जबकि उन्हें क्रास लेकर चलना है, और वह भी स्वयं के लिए नहीं वरन् उस पूरी मनुष्य-जाति के लिए जो जा चुकी है और आने वाली है । मैं नहीं मानता कि यह जीसस की सही तस्वीर है । परंतु यह ईसाइयों-द्वारा दी गयी जीसस की तस्वीर है । मैं तो उस जीसस के संबंध में सोच भी नहीं सकता जो कभी हंसे न हों । क्योंकि यदि कोई हंसने में असमर्थ हो तो वह धार्मिक होने में भी असमर्थ ही होगा । सचमुच उसमें भिन्नता है जब कोई दूसरों पर हंसे । वह अधार्मिकता होगी । परंतु जब कोई स्वयं पर ही हंसने लगे तो वह बात धार्मिक हो जाती है । और जो व्यक्ति स्वयं पर हंस सकता है वह कभी गंभीर नहीं हो सकता । वह तो खेल की मनोदशा में होगा । वह स्वयं पर भी हंस सकता है । तब ऐसे व्यक्ति का जीवन एक खेल बन जाता है ।

मेरे लिए ध्यान का अर्थ है जीवन को ऐसी लीला की भांति या खेल की भांति लेना जिसका कोई लक्ष्य नहीं, उद्देश्य नहीं । कुछ भी प्राप्त नहीं करना है, क्योंकि जो कुछ संभव है वह तो वर्तमान में ही है ।

उपलब्धि चाहनेवाला मन भविष्य के पार नहीं हो सकता; वह भविष्य से अपने को तोड़ नहीं सकता। जो मन कुछ प्राप्त करना चाहता है, उसे भविष्योन्मुख होना ही पड़ेगा। और जो मन भविष्योन्मुख है उसकी आधारशिला अतीत ही होगी, क्योंकि भविष्य अतीत के प्रक्षेपण के अलावा कुछ भी नहीं हो सकता।

अपनी अतीत की स्मृतियों को ही हम भविष्य की कामनाएं बना लेते हैं। हमारे भविष्य के सपने हमारे अतीत के अनुभव ही होते हैं—अधिक सुंदर रंगे हुए, संजोए हुए। परंतु वस्तुत: वे भविष्य में प्रक्षिप्त अतीत की तस्वीर ही होते हैं, इससे अधिक कुछ भी नहीं। परंतु ध्यानी मन वर्तमान में जीता है। इसके अलावा कोई जीवन नहीं, कोई संभावना नहीं। यदि आप सही अर्थ में जीना चाहते हैं तो आपके लिए वर्तमान के अलावा और कोई संभावना नहीं। यदि आप जीना स्थगित करना चाहें तो फिर अतीत व भविष्य ठीक दिशाएं हैं, अनुकूल आयाम हैं।

इसलिए, योग ध्यान की कोई विधि नहीं वरन् ऐसी स्थिति उत्पन्न करने की विधि है जिसमें ध्यान की घटना घटित होती है।

योग केवल स्थिति उत्पन्न करता है। और जिस व्यक्ति ने उस तरह जीना प्रारंभ कर दिया है और जीवन के लक्ष्यों से संबंधित नहीं है, वही योगी है, त्यागी है, संन्यासी है।

यह एक बड़ी आश्चर्यजनक बात है। साधारणतया हम सोचते हैं कि वह आदमी संन्यासी है जिसने जीवन त्याग दिया। यह बिल्कुल मूर्खतापूर्ण बात है। वास्तव में, संन्यासी तो वह है जिसने जीना प्रारंभ किया है। यह कुछ त्यागना नहीं वरन् जीवन का प्रारंभ है। मृत अतीत को त्यागता है और साथ ही उस भविष्य को भी जो अभी जन्मा नहीं है।

योग आत्मघातक प्रवृत्तियों का त्याग है। यह जीवन को स्थगित करने वाली आदतों का त्याग है और जीवन को जीने का प्रारंभ।

इसलिए, योग जीवन के रहस्यों में प्रवेश है, उसका प्रारंभ है और ठीक स्थिति उत्पन्न करने की विधि है ।

इसलिए भारत ही ऐसा देश नहीं है जिसने योग को बढ़ाया हो । जहां कहीं भी, किसी ने भी उस तरह जीया है उसने ही योग का निर्माण किया है । बुद्ध का अपना योग है । महावीर का अपना योग है और जीसस का अपना योग । इस तरह बहुत से योग हैं । और मेरी दृष्टि से प्रत्येक व्यक्ति का अपना-अपना ढंग है, रास्ता है, द्वार है सत्य तक पहुंचने का ।

इसलिए कोई किसी का अनुसरण नहीं कर सकता । क्योंकि जैसे ही आपने अनुसरण किया आप योगी नहीं हो सकते । अनुसरण करने वाला कभी योगी नहीं हो सकता । अनुसरण का मतलब है सुरक्षा की खोज । तब मैं निश्चित होता हूं कि किसी व्यक्ति ने सत्य को पा लिया है, इसलिए मुझे उसका अनुसरण करना चाहिए । परंतु जो रास्ता उसका रहा है वह मेरे लिए ठीक नहीं भी तो हो सकता है ? वह हो ही नहीं सकता, क्योंकि सारे व्यक्ति अपने में अनूठे हैं, अद्वितीय हैं । कोई ऐसा रास्ता हो ही नहीं सकता जिस पर सभी चल सकें ।

प्रत्येक को अपनी राह स्वयं ही बनानी होती है । ऐसा नहीं कि रास्ता तैयार है और उस पर चलकर कहीं पहुंच जाना है । यह तो जीवन है जो अपनी राह बना रहा है और उस पर चल रहा है । आप ही उसे निर्मित करते हैं और गुजरते हैं । और जितना अधिक आप उसे निर्मित करते हैं उतना ही आप उस पर गुजरते हैं । किसी और द्वारा निर्मित मार्ग हमारे चलने के लिए नहीं हो सकता । योग का मार्ग आंतरिक है । कोई बाह्य चिह्न या मील का पत्थर नहीं । कोई भी बाहरी चिह्न बिल्कुल नहीं ।

बुद्ध एक मार्ग से गए, पर वह उनका आंतरिक मार्ग था । वे उस पर चले अवश्य, पर वह मार्ग केवल उन्हीं के लिए था । कोई भी उस मार्ग से नहीं जा सकता । कोई भी दूसरे के स्थान को नहीं ले

सकता । आप मेरी जगह नहीं मर सकते । आप मेरे लिए मर सकते हैं पर वह बिल्कुल दूसरी बात है । परंतु मृत्यु में आप मेरा स्थान नहीं ले सकते । यहां तक कि यदि आप मेरे लिए मरे भी तो वह आपकी मृत्यु होगी, आपके-द्रारा चुनी गई, वह मेरी मृत्यु नहीं है ।

आप मेरी जगह प्रेम भी नहीं कर सकते । मेरा स्थान कोई दूसरा नहीं ले सकता । इसमें कोई सहायता नहीं हो सकती । इसका कोई विकल्प नहीं हो सकता । मेरा प्रेम मेरा ही होगा और मेरी मृत्यु, अनिवार्यत: मेरी ही होगी । फिर मेरा जीवन आपका जीवन कैसे हो सकता है ? मेरी जिंदगी मेरी है । वह किसी दूसरे के लिए मार्ग नहीं हो सकती । वह पूर्णतया मेरी है । और इतनी व्यक्तिगत एवं अपूर्व है कि उसे बांटा नहीं जा सकता । इसलिए हर एक का अपना योग है और प्रत्येक को ही उसे उत्कृष्ट करना होगा । प्रत्येक को उसे निर्मित करना होगा ।

प्रत्येक को निपट नितांत अकेले में और पूर्ण अंधेरे में खोज करना है । वही खोज प्रकाश हो जाती है । अकेलेपन की पूर्ण सजगता ही अकेलेपन को नष्ट कर देती है और अपना स्वयं का साहस पैदा करती है ।

जब आपको पता हो कि आप अकेले हैं तब कोई डर नहीं होता । जब आप जानते हैं कि किसी और का आपके साथ होना संभव नहीं, तब कोई भय नहीं होता । भय आता है कामना के साथ, स्वप्न के साथ, कल्पना के साथ, इस संभावना के साथ कि कोई और मेरे साथ हो सकता है ।

यदि आपको पूर्णतया ज्ञात है कि आप नितांत अकेले हैं, तब कोई भय नहीं है । यदि यही तथ्य है तो फिर कोई उपाय नहीं । जैसे ही कोई अपने अकेलेपन को स्वीकारता है, वह योगी हो जाता है । अब वह समाज की पकड़ के बाहर है—यही समाज का अतिक्रमण है और यही समाज को त्यागने का अर्थ है । वह वास्तविक समाज को त्यागना नहीं है । कोई त्याग भी नहीं

सकता। जहां भी आप जाएंगे एक नया समाज बना लेंगे। यहां तक कि पेड़ों से, पशुओं से भी कुटुंब बन सकता है, समाज बनाया जा सकता है।

समाज एक व्यक्तिगत रिक्त स्थान, स्पेस की तरह आपके पीछे आता है। जहां भी आप जाएंगे वहीं आप अपने रहने के लिए स्थान बना लेंगे और वही समाज हो जाएगा। और जो भी लोग उस स्पेस की, आकाश की सीमा में होंगे, समाज निर्मित कर लेंगे, आपके समाज के सदस्य हो जाएंगे। आप अकेले हैं, राह पर अकेले चलने वाले, राह बनाने वाले इसलिए समाज को नहीं छोड़ सकते। परंतु यह महसूस होना कि आप अकेले हैं, नितांत अकेले, मार्ग पर चलने वाले, अकेले निर्माण करने वाले, अकेले जीवन में जीने वाले, अकेले पल में संलग्न, तो फिर यह तथ्य भीतर प्रवेश कर जाता है। उस ज्ञान के क्षण में कोई समाज नहीं होता।

अब कोई गुरु नहीं, अब किसी का अनुगमन नहीं। अब कोई नेता नहीं, कोई मार्गदर्शक नहीं। अब आप अकेले हैं, नितांत अकेले। चूंकि अब कोई नहीं जो आपमें मिलावट कर सके, आपको भ्रष्ट कर सके, आप एकदम शुद्ध, निर्दोष और सुंदर हो जाते हैं। यह अकेलापन ही मार्ग है, यह अकेलापन ही ध्यान है, यह अकेलापन ही योग है।

अभी भी आप पूछ सकते हैं कि हम इस अकेलेपन का क्या करें ?

कुछ भी नहीं करना है, क्योंकि कुछ भी करना इस अकेलेपन से बचने का उपाय है। कुछ भी करना एक तरह का कार्य है इस अपने अकेलेपन को भूलने के लिए। इस अकेलेपन को नहीं छोड़ना है और इससे नहीं भागना है। इसमें तो खूब गहरे जाना है , इसमें ही रहना है, इसके ही साथ रहना है। यह जीवन की डगर आपको बिल्कुल अकेले ही चलनी है। यद्यपि आप चाहें भीड़ में ही क्यों न हों पर वह होना नितांत अकेले होना है।

जब दो व्यक्ति सड़क पर जा रहे हों तो वे दो की तरह नहीं जा रहे। वे एक-और-एक की भांति चल रहे हैं। वे दो अकेले-अकेले चल रहे हैं। आप कुटुंब में रहते हैं, पर अकेले। कुटुंब में पांच सदस्य हैं, परंतु वे पांच एकांत हैं जो साथ-साथ रह रहे हैं।

और जैसे ही आप अपना अकेलापन जान पाते हैं, आप करुणा से भर जाते हैं। अब दूसरों के लिए और उनके अकेलेपन के लिए आपके मन में करुणा है। यह करुणा ही योग में गए व्यक्ति की ओर लाक्षणिक संकेत करती है। चूंकि आप स्वयं के अकेलेपन से अवगत हैं, इसलिए आप दूसरों के अकेलेपन को भी भलीभांति समझ सकते हैं।

प्रत्येक अकेला है—स्त्री, बच्चा, पति। परंतु उनमें कोई करुणा नहीं है, कोई सहानुभूति नहीं है। उनका रुख प्रेमपूर्ण नहीं है, क्योंकि वे एक-दूसरे को अपनी सुरक्षा का उपाय बना रहे हैं। पत्नी पति को अपने अकेलेपन से रक्षा का साधन बना रही है और इसी कारण उसमें अधिकार की भावना है। बहुत भय है कि कहीं यह आदमी उसको भूल गया या कहीं चला गया तो वह अकेली रह जाएगी। इसलिए यह आदमी उसकी रक्षा का साधन है। वह अपने अकेलेपन से परिचित नहीं है। वह अपने अकेलेपन से परिचित होना भी नहीं चाहती। इसलिए वह अपने पति के बारे में सजग है और अपने अधिकार की भावना लिए हुए है। वह उससे चिपकी हुई है। पति भी अपनी ओर से उससे चिपका हुआ है। पत्नी भी उसके अकेलेपन से बचने का साधन है।

हम अकेले हैं— जिस क्षण ऐसा समझ में आ जाए कि मनुष्य अकेला है, तब फिर कोई रक्षा के उपाय की बात नहीं रहती, क्योंकि उससे कोई बचाव संभव नहीं है। वह मात्र सोचना है। वास्तव में, उससे कोई रक्षा नहीं है, कोई बचाव नहीं है।

पति के साथ पत्नी उतनी अकेली है जितनी वह पहले थी। परंतु हम एक भ्रांतिपूर्ण पलायन बनाते हैं—दोनों के साथ की भ्रांति।

हमारा सारा समाज, कुटुंब, हमारा देश, हमारे क्लब, ग्रुप, संगठन आदि सब अकेलेपन से पलायन हैं। और जिस क्षण भी मनुष्य को यह खबर लग जाती है कि वह अकेला है, जिस क्षण भी वह अपने नितांत अकेलेपन के प्रति पूर्ण जागरूक हो जाता है और उसका कोई विकल्प नहीं—ऐसा जान लेता है, वह योग को उपलब्ध हो जाता है।

हमें अपने अकेलेपन में रहना है। यदि एक बार भी आप उसे स्वीकार कर लेते हैं तो एक विस्फोट हो जाता है। अब आपको पलायन की आवश्यकता नहीं। अब कोई पलायन नहीं। अब आपने अपने साथ रहना आरंभ कर दिया है।

कितनी बुरी बात है कि कोई भी स्वयं को अपने साथ रहने-योग्य नहीं समझता। यदि मैं अपने कमरे में अकेला हूं तो मैं बेचैन हो जाता हूं। स्वयं से परेशान हो जाता हूं। इस तरह एक परेशान व्यक्ति दूसरे परेशान व्यक्ति के पास जाता है और दोनों अपने 'बोरडम' से ऊब और परेशानी से अतिक्रमण करने की कोशिश करते हैं। गणित के अनुसार इसकी संभावना उल्टी होने वाली है। बोरडम दुगुनी हो जाएगी। अब एक बोर डबल बोर हो जाएगा और हर एक यह सोचेगा कि दूसरा सहायता नहीं कर रहा है। वह कहीं-न-कहीं त्रुटि ढूंढेगा। वे एक-दूसरे का विरोध करेंगे और द्वंद्व खड़ा हो जाएगा।

योगी, योग को उपलब्ध हुआ वह व्यक्ति है जिसे यह नग्न सत्य विदित हो गया है कि प्रत्येक व्यक्ति अकेला है। अब वह अकेला रहेगा परंतु एकाकी नहीं। वह पहाड़ पर नहीं जाएगा, वह गुफाओं में नहीं जाएगा, क्योंकि अब उसे विदित है कि जहां भी वह है—बाजार में, अथवा भीड़ में वह अकेला है। यह अकेलापन ही उसका स्वभाव है। वह उससे भाग नहीं सकता। वह कहीं भी जाए, वह अकेला ही होगा। वह मानो मूर्तिमान् अकेलापन है। अब प्रत्येक उसे भिन्न दृष्टिगोचर होता है। प्रत्येक अकेला

दिखलाई पड़ता है, और करुणा पीछे-पीछे आती है, करुणा प्रत्येक के अकेलेपन के लिए, नितांत एकाकीपन के लिए। वस्तुत: दूसरों के प्रति करुणा अपनी ओर उनके अकेलेपन की अनुभूति ही है।

जिस क्षण भी दूसरों के प्रति करुणा का उदय होगा वही क्षण हमारे लिए ध्यान का क्षण होगा। ध्यान और करुणा मानो एक ही वस्तु के दो तीर हैं। अर्थात् इस अनुभूति के दोनों ओर तीर है: यह 'डबलऐरोड' है। एक तीर ध्यान में ले जाता है और दूसरा करुणा में। आपके आंतरिक जगत् में घटित होता है ध्यान और आपके बाह्य संबंधों में होती है करुणा।

इसलिए योगी वह व्यक्ति है जो अपने अंतस् में ध्यानपूर्ण है और बाहर से करुणायुक्त।

बुद्ध ने दो शब्दों का उपयोग किया है—प्रज्ञा और करुणा : प्रज्ञा का अर्थ है ध्यान अर्थात् ज्ञान का शिखर तथा करुणा का अर्थ है कंपैशन प्रेमपूर्ण सहानुभूति।

प्रज्ञा लौ है, ध्यान लौ है और करुणा है प्रकाश जो कि उत्तरोत्तर फैलता जाता है और सारे विश्व को भर देता है।

और, वास्तव में धर्म इन दो शब्दों से ही संबंधित है भीतर ध्यान और बाहर करुणा। ये दोनों एक साथ घटित होते हैं। वे एक हैं लेकिन उनके दोनों ओर तीर हैं—एक भीतर की ओर और दूसरा बाहर की ओर। और किसी को इस योग का या उस योग के बारे में नहीं सोचना चाहिए क्योंकि वैसा सोचना ही मूलत: गलत है। हमें केवल अस्तित्व और जीवन के बारे में सोचना चाहिए।

जो क्षण आपके पास आए उस क्षण में ही आपको जीना आरंभ करना चाहिए। उसे समग्रता से जीएं। उसे अकेले जीएं। उसे क्षण-क्षण जीएं। सदैव खुले रहें—अज्ञात के प्रति खुलें, उस सबके प्रति खुलें जिसके घटने की संभावना हो। और जो आए उसे स्वीकार भी कर लें। मना करना या स्वीकार करना ही नास्तिकता

है। स्वीकार करने, सर्व के प्रति 'हां' कहने या बिना शर्त सर्व का स्वागत करने को ही मैं धार्मिकता कहता हूं।

केवल स्थिति उत्पन्न करें और घटना अपने आप घटित होगी। उसका पूर्वकथन नहीं हो सकता। किसी भी मूल्यवान बात का पूर्वकथन नहीं हो सकता। केवल यांत्रिक बात ही पहले से कही जा सकती है। हम मशीन के लिए कह सकते हैं कि वह ऐसा-ऐसा करेगी।

परंतु हम जीवन के बारे में भविष्यवाणी नहीं कर सकते। जीवन अप्रत्याशित है। उसके लिए पहले से कुछ भी नहीं कहा जा सकता। इसलिए आपको केवल स्थिति बनानी है। फिर प्रतीक्षा करनी है और फिर सब अपने से होने देना है। शीघ्रता न करें, बस प्रतीक्षा करें। और स्थिति उत्पन्न करना ध्यान नहीं है। वह मात्र स्थिति उत्पन्न करना ही है, ध्यान नहीं।

उदाहरण के लिए, मैंने घर में अतिथि के स्वागत के लिए तैयारी की है परंतु वह तैयारी अतिथि नहीं। मेहमान आए और नहीं भी आए। गेस्ट के लिए भारतीय शब्द बड़ा सुंदर है। वह है 'अतिथि' जिसका अर्थ होता है ऐसा व्यक्ति जिसकी तारीख निश्चित नहीं। वह आए और न भी आए या वह इसी क्षण आ जाए। और, हो सकता है, किसी को जीवन-भर ही उसकी प्रतीक्षा करनी पड़े। उसके आने की तिथि का कोई पता नहीं। अतिथि का अर्थ है—तिथिरहित अकथनीय।

इस तरह कोई तैयारी कर सकता है, परंतु तैयारी घटना नहीं है। अब कांपते हृदय से प्रतीक्षा करनी है—प्रतीक्षा करनी है, बस। और यह प्रतीक्षा ही हमारी परीक्षा है। अगर आप प्रतीक्षा कर सकते हैं और थकते नहीं प्रतीक्षा करते तो वही आपके प्रेम का सूचक है।

इसलिए स्थिति उत्पन्न करें और फिर प्रतीक्षा करें। वह प्रतीक्षा हर

क्षण चलती रहे क्योंकि कोई भी क्षण उसके आगमन का हो सकता है, उसके अवतरण का हो सकता है। कोई भी क्षण विस्फोट का क्षण हो सकता है। कोई भी क्षण उत्क्रांति घटित होने का क्षण हो सकता है। इसलिए बड़े जागरूक रहना है; प्रतीक्षा करनी है पूर्ण सजगता से यह जानते हुए कि पूरी संभावना है इसकी भी कि घटना घटित न हो, अतिथि न आए। यदि आपको पूरा विश्वास है कि अतिथि आएगा ही तो फिर आप प्रतीक्षा की भावदशा में नहीं हैं। तब कोई प्रतीक्षा नहीं है। निश्चितता ने प्रतीक्षा को मार ही डाला! यदि अतिथि का आना निश्चित है तो फिर कैसी प्रतीक्षा ? इसलिए जो लोग प्रतीक्षा नहीं कर सकते उन्होंने सब प्रकार की सुनिश्चितताएं निर्मित की हैं। उन्होंने कहा है कि ऐसा करें और ऐसा होगा।

अब घटना गारंटी बन गयी, अनिवार्य हो गयी। परंतु यह नहीं हो सकता। हो सकता है कि किसी को कई जीवन लग जाएं प्रतीक्षा करते-करते और फिर भी वह न आए। इस अनिश्चितता की संभावना का पूरा ज्ञान ही हृदय को प्रतीक्षा की स्थिति में ले जाता है। अब दिल की हर धड़कन प्रतीक्षा-रत है। अब श्वास भी प्रतीक्षा में है। अब प्रत्येक क्षण के प्रति, प्रत्येक घटना के प्रति है, वर्षा, फूल या तारे—इन सबके प्रति सजगता है, क्योंकि अब कोई नहीं जानता वह किधर से आएगा। कोई उसके द्वार या मार्ग से अवगत नहीं। कोई उसका नाम नहीं जानता, कोई नहीं जानता कि वह किस क्षण आएगा और द्वार खटखटाएगा।

इसलिए योगी वह है जो प्रतीक्षा में है, जो कि सोया हुआ नहीं है। यहां तक कि अपनी नींद में भी वह प्रतीक्षा कर रहा है। कौन जाने कि जब वह आए और आप सोए हुए हों तो उसे वापस जाना पड़े। इसलिए योगी हर क्षण जाग्रत है, प्रतीक्षा में है, प्रतीक्षारत है। सब आशाओं के विरुद्ध भी आशा करता हुआ, सब अनिश्चितताओं के विरुद्ध भी निश्चित होता हुआ। एक क्षण के लिए भी कोई इस

तरह प्रतीक्षा में डूब जावे, तन्मय हो जाए, तो घटना घटित हो ही जाती है। परंतु उसकी भी गारंटी नहीं, वह भी अनिवार्य नहीं। घटना होती है, घटना घटित हुई है। यह प्रतीक्षा ही कठिन बात है, यही सबसे कठिन हिस्सा है उसका। हम बहुत जल्दी में हैं। आधुनिक मानव की यह शीघ्रता ही मात्र गैर-धार्मिकता है जिसने आधुनिक समाज को भौतिकवादी बना दिया है। हम इतनी भी जल्दी में हैं कि हम प्रतीक्षा नहीं कर सकते। और यही हमारी परीक्षा है। हम इतनी तीव्र गति से जा रहे हैं कि हम ठहर नहीं सकते और उसके लिए प्रतीक्षा नहीं कर सकते। बल्कि हम तो दौड़ रहे हैं और एक दौड़ते हुए मन में प्रतीक्षा कहां? जो व्यक्ति प्रतीक्षा में है, उसे बैठना होगा, दौड़ना नहीं।

जापान में ध्यान के लिए झाझेन शब्द उपयोग किया जाता है जिसका अर्थ है बैठना, प्रतीक्षा करना और कुछ भी नहीं करना । यह झाझेन शब्द बड़ा सुंदर है—प्रतीक्षा करना और कुछ नहीं करना। क्योंकि यदि आप कुछ भी करने में व्यस्त हैं तो आप प्रतीक्षारत मन से दूर जा सकते हैं। आप कार्य में लगे हो सकते हैं, या मात्र बैठे हो सकते हैं। इसका यह अर्थ नहीं कि कोई पांच घंटे खाली बैठा रहे, बल्कि यह कि यदि आप सो रहे हैं तो मात्र सोएं और प्रतीक्षा करें—और कुछ न करें। यदि आप खा रहे हैं तो खाएं, पर और कुछ न करें, खाएं और प्रतीक्षा करें। तब सब कुछ चलता रहेगा और फिर भी बैठना होगा और फिर भी वह प्रतीक्षा होगी और फिर भी कुछ करना नहीं होगा।

यही मेरे लिए ध्यान है, यही मेरे लिए योग है। और यह त्याग करना नहीं, बल्कि जीवन को प्रारंभ करना है, उत्प्रेरित करना है।

मैं सब प्रकार के तथाकथित त्याग के विरोध में हूं, क्योंकि वे सब जीवन के विरोधी हैं, जीवन का निषेध करते हैं और एक तरह से परमात्मा के विरोध में हैं।

जो लोग परमात्मा में इतने खोए प्रतीत होते हैं, वे भी उसे उसकी

समस्तता में स्वीकार नहीं करते, क्योंकि वे जीवन का निषेध करते हैं।

वे कहते हैं, 'ओ परमात्मा, हम तुम्हें तो स्वीकार करते हैं परंतु तुम्हारे जीवन को नहीं।'

वे कहते हैं, 'हम तुममें और तुम्हारे संसार में चुनाव करते हैं।'

मेरे लिए कोई चुनाव नहीं। जीवन ही दिव्यता है, जीवन ही परमात्मा है। इसलिए किसी का चुनाव नहीं करना है। चुनाव-रहित होकर उसे जीएं, उसमें गहरे डूबें। उसमें पूरे संलग्न हों, पर फिर भी अकेले, क्योंकि आप अकेले हैं। हर एक बात आएगी और जाएगी, परंतु आपका अकेलापन नष्ट नहीं होगा। वह अब आपका स्वभाव हो गया है। यह अकेलापन ही आधारभूत तथ्य है जिससे ध्यान का उगना प्रारंभ होता है, जिससे योग प्रेरित होता है, और जिससे कोई अंतत: योगी हो पाता है। परंतु मृत सूत्रों पर, सिद्धांतों पर विश्वास न करें। कर्मयोग, भक्तियोग, ज्ञानयोग, राजयोग—ये सब मृत सिद्धांत हैं।

जितने लोग मार्ग पर चलने वाले हैं, उतने ही योग हैं। प्रत्येक व्यक्ति अपना योग आप निर्मित करता है, और उसे अपना योग निर्मित करना भी चाहिए तभी अपने सच्चे अस्तित्व का बोध हो सकता है। यह प्रामाणिकता, यह सत्यता, स्वयं व्यक्ति से ही आती है, अन्यथा उधार एवं असत्य अनुभूति ही संभव है। और कितनी ही ऐसी झूठी अनुभूतियां हैं। इस तरह सारे अनुयायी अवास्तविक परमात्मा को ही पहुंचते हैं, वास्तविक परमात्मा को नहीं। वे पहुंच ही नहीं सकते। क्योंकि उन्होंने अपना सच्चा स्वरूप तो पीछे खो दिया है। अब वे केवल अनुकरण कर्ता हैं, अनुकरण कर्ता कभी भी सच्चे ज्ञान को उपलब्ध नहीं हो सकते। इसकी पूरी संभावना है कि अनुकरण कर्ता अनुकरण किए गए परमात्मा को ही जाने, अवास्तविक ईश्वर को ही जाने। यह बड़ी सीधी और सरल बात है। और अवास्तविक ईश्वर को जानना बहुत ही सरल है। सच्चा

परमात्मा तो एक ही है। परंतु अवास्तविक ईश्वर बहुत हैं जैसे, ईसाई के, हिंदू के, जैन के, बौद्ध के। वे सब फोनी ईश्वर है, अवास्तविक ईश्वर हैं और उन तक पहुंचने के सब रास्ते भी अवास्तविक हैं। प्रामाणिक मार्ग तो सदैव व्यक्तिगत ही होता है। और किसी में इतना तो साहस होना ही चाहिए कि वह स्वयं हो सके, स्वयं को स्वीकार कर सके और अज्ञात में कूद जाए सब ज्ञान को छोड़कर, सब ज्ञान को त्यागकर।

मेरे लिए परमात्मा पूर्ण अकेलापन है। परंतु जिस क्षण आप परमात्मा के साथ एक होने की बात कहते हैं, उसी क्षण आप फिर 'दूसरे' को उत्पन्न कर रहे हैं। आपका परमात्मा अब बचने का उपाय है—'दूसरा' है। पहले जैसे पत्नी थी, मित्र थे वैसे ही फिर आपने एक 'दूसरा' एक अन्य बना लिया। अब वह 'दूसरा' परमात्मा है, और अब आपको उसके साथ एक होना है। अगर आप उसके साथ एक हो गए तो फिर प्रश्न ही नहीं रहता। परंतु आप उसके साथ एक नहीं हो सकते। आपका समग्र अकेलापन ही इस बात की अनुभूति है कि आप ही परमात्मा हैं और यह कि उसके साथ एक होने का कोई प्रश्न ही नहीं।

परमात्मा का कोई साथ नहीं क्योंकि वहां दो हैं ही नहीं। साथ तभी संभव है जब दो हों। जब आपको अपने समग्र अकेलेपन की अनुभूति होती है तब फिर ऐसा नहीं होता कि आप परमात्मा के साथ संलाप करें। वस्तुत: आप ही परमात्मा हैं, आप ही देव हैं। यहां तक कि एकता की भाषा भी द्वैत की, दूसरे की, भाषा है।

**डा० गुइनबर्ट :** हम एक होने की बात नहीं कर सकते, क्योंकि दो हैं ही नहीं। तो क्या फिर हमारा मन द्वैत निर्मित करता है?

**ओशो :** अब मन ही नहीं है। जब आप अकेले हैं तब कोई मन नहीं है, क्योंकि मन आपका अतीत है, दूसरा है। इसलिए जब आप अकेले होते हैं, आप अपने ही मन से बातें कर रहे होते हैं जो कि अन्य है। अब संवाद हो रहा है। आपका मन अन्य का पार्ट अदा कर रहा है

और अब आप स्वयं से बातें कर रहे हैं। परंतु जब आप नितांत अकेले हैं, तभी आप वास्तव में अकेले हैं। अब कोई मन नहीं, कोई परमात्मा नहीं। आप ही ईश्वर हैं।

इसलिए मैं नहीं कहता हूं कि परमात्मा के साथ एक हो जाओ, क्योंकि ऐसा कहना द्वैत को पहले से ही मान लेना है। यह पूर्वधारणा है कि परमात्मा एक है और आप दूसरे हैं। यहां तक कि यह कहना भी कि वह एक ईश्वरीय अस्तित्व है, उसे दो में विभाजित कर देता है। कोई अईश्वरीय अस्तित्व नहीं हो सकता। वह सब ईश्वरीय है या सब अस्तित्व है। इसलिए दो शब्दों का उपयोग न करें। कहें कि अस्तित्व है, इतना पर्याप्त है। कहें कि 'ईश्वरीय' है, इतना पर्याप्त है।

जैसे ही हम ईश्वरीय अस्तित्व की बातें करते हैं, हम विभाजन बना देते हैं। पहले वाला ईश्वरीय नहीं था, यह ईश्वरीय है। ऐसी बात नहीं है। वह एक है—यह बात भी ठीक नहीं है। इसलिए हमने एक शब्द चुना है—'अद्वैत'। इसका अर्थ है कि दो नहीं हैं। यह शब्द यह भी नहीं कहता कि एक ही है। यह केवल द्वैत का निषेध करता है, मात्र दो होने का निषेध करता है। यह कहता है कि अब दो नहीं हैं, द्वैत नहीं है।

यहां तक कि 'एक' शब्द का प्रयोग भी दो की श्रृंखला निर्मित करता है, क्योंकि दो के बिना 'एक' का भी अस्तित्व नहीं। और फिर दो से तीन, इस तरह चलता जाता है।

इसलिए वे कहते हैं कि यह वही क्षण है जिसमें दो नहीं हैं।

दो कभी थे भी नहीं।

इसलिए मैं नहीं कहता कि परमात्मा के साथ एक हो जाओ, क्योंकि आप सदैव ही वहीं थे। आप कभी भी पृथक् नहीं थे। पृथकता आपकी भ्रांति मात्र थी; और उसी भ्रांति के कारण आप अब दूसरी भ्रांति बना रहे हैं—एक होने की भ्रांति। यह पृथकता अपने में एक

भ्रांति थी, एक साइकिक धारणा थी, मनोगत धारणा थी। अब उसका निषेध करके आप एकता की, एक होने की, दूसरी धारणा बना रहे थे। यदि पृथकता असत्य थी तो एकता की बात भी अनिवार्यतया असत्य ही होनेवाली है।

आप एक हैं न कि एकता। कोई दूसरा नहीं है। दूसरा चला गया है, दूसरा गिर गया है। और जब दूसरा गिर जाता है उस क्षण फिर मन नहीं होता, 'दूसरा' नहीं होता। इसको ठीक तरह से आप यूं कह सकते हैं कि मन ही 'दूसरा' है। और जब मन नहीं होता तो 'दूसरा' नहीं होता।

इसी भांति, हम नदी के बीच में मिट्टी की दीवार बनाते हैं। नदी एक है, वह हमेशा एक ही है, परंतु अब बीच में मिट्टी की दीवार खड़ी है। केवल वह दीवार ही अन्य है, नदी तो एक ही है। नदी का 'नदीपन' भी एक ही है। वह सदैव ही एक है। वह अभी भी एक है। दीवार को हटाते ही नदी फिर एक ही है। केवल दीवार ही भूल पैदा करती है। परंतु, चूंकि दीवार है, इसलिए हम उस दीवार को इंकार करने के हेतु दर्शनशास्त्र बनाते हैं।

और यही भिन्नता है दर्शन में और धर्म में दर्शन केवल विरोधी धारणाएं निर्मित करता है और धर्म उन रुकावटों को, दीवारों को नष्ट कर देता है। दर्शन कहता है दो नहीं हैं, द्वैत झूठ बात है, एक होना ही सत्य है। द्वैत के विरुद्ध, 'एक' की धारणा बनाई जाती है। परंतु धार्मिक आदमी कहता है 'एक' कहां है, 'अन्य' भी कहां है। हमेशा ऐसा ही हुआ है। 'अन्य' सिद्धांत ही था तो 'एक' भी सिद्धांत ही था। ये दोनों ही सिद्धांत हैं। सत्य सिद्धांत-रहित है, असैद्धांतिक अस्तित्व है। इसलिए दिव्य न कहें, ईश्वर न कहें और न यही कहें कि हम उससे मिलकर एक हो गए हैं। अब अकेलापन ही सब-कुछ है, एकपन होना ही सब-कुछ है। अब तो बस हम 'हैं'।

अब कोई पृथक् होने के लिए शेष नहीं और कोई एक होने के लिए

भी शेष नहीं ।

यह समग्र—अकेलापन ही समाधि है ।

**डा० गुइनबर्ट :** क्या नींद अकेलेपन की अवस्था है ?

**ओशो :** नहीं, नींद जैसी है वह अकेलेपन की अवस्था नहीं है । वह एक होना भी नहीं है और दो होना भी नहीं । वह मात्र मूर्च्छा की अवस्था है । 'जो है' उसके प्रति आप मूर्च्छित हैं । आप अपनी साधारण जागरण की अवस्था में द्वैत के प्रति सजग रहते हैं; आप नींद में उस द्वैत के प्रति सजग नहीं होते । वास्तविक जागृति में, ध्यान में, समाधि में आप अपने अकेलेपन के प्रति पूर्ण जागरूक होते हैं ।

इसमें समानता भी है और भिन्नता भी । नींद में आप 'दो' के प्रति जागे हुए नहीं होते और एक के प्रति भी नहीं । द्वैत है ही नहीं, पर अब आपको पता नहीं कि द्वैत का अस्तित्व मिट गया है । परंतु समाधि में, ध्यान में, आप उसके प्रति जागरूक होते हैं । यदि आप अपनी नींद में भी पूर्ण जागरूक हो सकें तो फिर घटना घटित हो जाती है । अथवा, यदि आप अपनी जागरूकता में ही नींद में चले जाएं तो भी घटना हो जाएगी । यदि आप पूर्ण जाग्रत हैं और द्वैत नहीं है जैसे कि नींद में तो वह घटना हो जाती है । मन नींद में सो जाता है, पर वह समाधि में मर जाता है ।

निद्रा और समाधि में सादृश्य लगता है पर वह है नहीं; क्योंकि समाधि के बाद मन नहीं बचता । परंतु निद्रा के बाद सोया मन अधिक शक्ति-संपन्न और ताजा होकर सुबह लौटता है । फिर से मन नई शक्ति के साथ द्वैत को देखने लौटा है । परंतु समाधि के बाद फिर लौटना नहीं होता । यह वह बिंदु है जहां से लौटना नहीं होता । आप वापस नहीं आ सकते । अब एक ही रहेगा और अब इसे ही शाश्वत होना है । इसलिए समाधि और सुषुप्ति में सादृश्य है । आप कह सकते हैं कि समाधि जाग्रत सुषुप्ति है अथवा सुषुप्ति मूर्च्छित समाधि है ।

# ध्यान के लिए एक प्रायोगिक तैयारी

ओशो के साथ बड़ौदा (गुजरात) ध्यान-शिविर में
एक फ्रांसीसी साधिका डाक्टर कुमारी सी. गुइनबर्ट,
पेरिस की भेंट-वार्ता का हिंदी-अनुवाद

**डा० गुइनबर्ट :** ओशो, ध्यान की घटना होने के लिए जो विधि आप इस ध्यान शिविर में काम में ले रहे हैं, उसके बारे में कृपया कुछ बतलाएं।

**ओशो :** पहली बात जो इसमें समझने की है वह यह है कि इस विधि से तनावों-द्वारा ध्यान के लिए ठीक स्थिति उत्पन्न करना है। यदि आपका समुचित व्यक्तित्व तनाव से भर जाता है तो फिर जो आगे संभावना बचती है वह केवल विश्राम की है। साधारणतया कोई सीधे विश्राम में नहीं जा सकता। यदि आप समग्र तनावपूर्ण हैं, यदि आपका पूरा अस्तित्व ही तनाव की चरम सीमा पर है, तब यंत्रवत् अपने से ही दूसरा चरण आ जाता है, उसको लाना नहीं पड़ता। वैसा होना ही सहजस्फूर्त होना है। इसलिए यह विधि समग्र तनाव-द्वारा मौन उत्पन्न करने की है।

प्रथम तीन चरण ; *(पहले दस मिनट में गहरी, तीव्र और तेज श्वास; दूसरे दस मिनट में प्रतिक्रियाओं के साथ सहयोग करते हुए तीव्र श्वास; तीसरे दस मिनट में तीव्र श्वास के साथ-साथ भीतर बहुत जोर से, पूरी शक्ति से पूछना कि 'मैं कौन हूं')* हमारे समग्र अस्तित्व की परतों को तनाव की चरम सीमा पर पहुंचाने के लिए है। पहली परत है—प्राण-शरीर। इस प्राण-शरीर के नीचे पहला शरीर है भौतिक शरीर, दूसरा है इथरिक बाडी यानि आकाश शरीर और तीसरा है सूक्ष्म शरीर, एस्ट्रल बाडी। यह प्राण-शरीर श्वास लेता है भोजन की भांति, रोटी की भांति। इसलिए यदि साधारण आक्सीजन की मात्रा, जो हम लेते हैं, में परिवर्तन कर दिया जाए तो समस्त प्राण-शरीर में परिवर्तन अवश्य हो जाएगा। यही कीमिया है हमारे प्राण-शरीर के परिवर्तन की।

इसलिए श्वास गहरी और तीव्र दोनों हों, जितनी गहरी संभव हो सके, जितनी तीव्र संभव हो सके। यदि दोनों संभव नहीं हो सके तो तीव्र होनी चाहिए। तीव्र श्वास हथौड़े की भांति प्राण के केंद्र पर चोट करे। और वह जो सोया है, वह जो जाग्रत नहीं है, जगना आरंभ करता है। हमारी ऊर्जा का बांध टूट जाता है, खुल जाता है।

यह श्वास-प्रश्वास ही सारे नाड़ी-मंडल में विद्युत् की बाढ़ की तरह भर जाता है। आप विद्युन्मय हो जाते हैं। यह प्रथम चरण है। आप इसे पूरी शक्ति से, तीव्रता से करें, जितना भी संभव हो सके। आप अपने को पूरा ही लगा दें। आप पूर्णतया संलग्न हों। पीछे ऐसा कुछ भी शेष न बचे जो संलग्न न हुआ हो। आप उसमें पूरे ही हों। आपका जरा-सा भी भाग बाहर न हो। इस तरह प्रथम चरण में आप पूरे-के-पूरे श्वास ही हो जाएंगे। आप बस एक अराजकता में हैं—भीतर-बाहर श्वास लेते और छोड़ते हुए पूर्ण अराजकता में। आपका पूरा मन श्वास के आने-जाने की प्रक्रिया में लग गया है।

यदि यह अपनी पूरी समग्रता में किया जाता है, तो विचार रुक जाते हैं क्योंकि उन्हें आपकी ऊर्जा का जरा भी हिस्सा जीवित रहने के लिए नहीं मिल रहा । वे अब मर जाएंगे। यदि अपनी पूरी शक्ति इस दिशा में लगी हुई है तो बची दिशाएं बंद हो जाएंगी। और अब जब विद्युत् पैदा हो गयी है, तो द्वितीय चरण का प्रारंभ होता है। जब विद्युत आपके भीतर घूमने लगती है, नाड़ी-मंडल में कार्य करने लगती है, तब बहुत-सी बातें आपके शरीर के लिए संभव हैं। जो भी वह करना चाहे उसके लिए आप उसे ढीला छोड़ दें।

यह द्वितीय चरण केवल जो होता हो उसे होने देने तक ही सीमित नहीं है वरन् यह विधायक सहयोग का चरण है। आपको पूर्ण सहयोग देना होगा। क्योंकि आपके शरीर की भाषा सांकेतिक है जिसे साधारणतया हम भूल गए हैं। अगर आपका शरीर नाचना चाहता है तो आप उसके संदेश को नहीं समझ पाते। इसलिए नृत्य के प्रति उसका तनिक भी झुकाव हो तो उसके साथ सहयोग करें। तभी आप शरीर की भाषा समझ पाएंगे।

इसे इसकी चरम सीमा तक करें। इस प्रक्रिया में कुछ भी चरम सीमा से कम करना है। अब आप नाचना, घूमना, कूदना, चिल्लाना, हंसना— कुछ भी कर सकते हैं। जो भी हो उसके साथ सहयोग देना है। प्रारंभ में यह एक धक्के जैसा प्रतीत होगा—मात्र एक

हलका-सा प्रलोभन, इतना हलका कि अगर आप इसे दबाना चाहें तो वह आपकी चेतना तक न आ पाएगा। इसे आसानी से दबाया जा सकता है, बिल्कुल अनजाने रोका जा सकता है।

इसलिए मन में तनिक भी धक्का, झुकाव या संकेत पैदा हो तो उसके साथ सहयोग करें और उसे अपनी पूरी शक्ति से करें, चरमसीमा तक करें क्योंकि चरमसीमा पर ही तनाव होता है, अन्यथा नहीं। यदि नृत्य अपनी पूरी चरम सीमा और पूरी शक्ति से नहीं किया गया तो वह प्रभावपूर्ण नहीं होगा। वह कहीं नहीं ले जाएगा। लोग तो रोज नाच रहे हैं पर वह कहीं नहीं ले जा रहा है। इसलिए नृत्य अपनी पूरी चरम सीमा तक हो, नितांत अनियोजित, मात्र उत्प्रेरणा से किया गया, बिल्कुल सोचे-समझे बिना। इसलिए आपके तर्क या आपकी बुद्धि बिल्कुल बीच में न आए।

द्वितीय चरण में केवल शरीर ही हो जाएं। शरीर के साथ बिल्कुल एक हो जाएं, जैसे कि प्रथम चरण में श्वास के साथ तादात्म्य किया था। जिस क्षण भी आप ऐसा अपने पूरे शिखर पर पूरी शक्ति से करते हैं उसी क्षण एक नयी और ताजा भावना पैदा होने लगती है। और ऐसा प्रतीत होने लगता है कि कुछ टूट गया है। आप अपने शरीर को बिल्कुल अलग देखेंगे। आप मात्र साक्षी रह जाएंगे। उसके लिए आपको कुछ करना नहीं है। आप केवल शरीर से पूरी तरह तादात्म्य करें और उसे ढीला छोड़ दें; जहां भी वह जाए जाने दें, जो कुछ भी करना चाहे उसे करने दें।

जिस क्षण यह अपने पूर्ण शिखर पर होगा—नाचते, कूदते, हंसते, चिल्लाते या कोई भी मूर्खता या नादानी का काम करते हुए उसी क्षण घटना घट जाएगी। आप द्रष्टा हो जाएंगे। अब आप मात्र देख रहे हैं। अब कोई तादात्म्य नहीं है। तादात्म्य टूट गया, पहचान चली गयी। और एक साक्षी चेतना आ गयी। वह आती है, ऐसा होता ही है। इसलिए आपको इस बारे में सोचने की भी आवश्यकता नहीं। वह घटना घटित ही होगी।

यह द्वितीय चरण है और जब प्रथम चरण पूरी तरह तथा समस्त रूप से किया गया हो तो आप कार के गीयर की तरह द्वितीय में जा सकते हैं। पहला गीयर दूसरे में तभी बदला जा सकता है जबकि पहले में गति अपने शिखर पर पहुंच गयी हो, अन्यथा नहीं। और दूसरा गीयर तीसरे में बदला जाना तभी संभव है जब दूसरा अपनी अधिकतम सीमा पर हो। इस तरह ये भी मन के गीयर हैं। पहला गीयर यदि अपनी चरम गति पर हो तो आप दूसरे में बदल सकते हैं। अब तृतीय चरण अपनी पूरी शक्ति और संलग्नता से किया जाना चाहिए ताकि पीछे कुछ भी शेष न रहे।

आरंभ में यह सब अत्यंत कठिन प्रतीत होता है, क्योंकि हमने अपने शरीर का दमन किया है और वह दमित शरीर ही हमें स्वाभाविक लगता है। परंतु वह स्वाभाविक नहीं है। एक बच्चे की ओर देखें। वह अपने शरीर के साथ कैसी मस्ती से खेल रहा है। यदि वह चिल्ला रहा है तो पूरी ताकत से। इसलिए बच्चे का चिल्लाना भी सुनने में बहुत सुंदर लगता है, परंतु एक वयस्क का चिल्लाना कितना भद्दा लगता है।

क्रोध में भी बच्चा सुंदर दिखलायी पड़ता है। वह अपनी पूरी तीव्रता में होता है, परंतु जब एक वयस्क क्रोधित होता है तो वह बड़ा बदसूरत लगता है। वह समग्र नहीं होता।

हर एक प्रकार की समग्रता सुंदर होती है। हमने स्वयं को इतना दमित किया है कि द्वितीय चरण बहुत कठिन लगता है, परंतु यदि आप उसके साथ सहयोग करें तो विस्मृत भाषा फिर याद आ जाती है और आप फिर बच्चे-से हो जाते हैं।

जब आप बच्चे हो जाते हैं तब एक नयी भावना का प्रादुर्भाव होता है। आदमित शरीर भारहीन हो जाता है। जब शरीर समग्ररूपेण आदमित हो जाता है तो सारे अनुभवों से एकत्र हुए दमन बाहर निकल पड़ते हैं। यह कैथारसिस है, रेचन-क्रिया है। कोई भी व्यक्ति जो इस रेचन-क्रिया से गुजरेगा, कभी विक्षिप्त नहीं हो

सकता । ऐसा फिर असंभव है । और यदि किसी विक्षिप्त व्यक्ति को भी यह करने के लिए तैयार किया जा सके, तो वह अपनी साधारण स्थिति को लौट आएगा । इस विधि के द्वारा विक्षिप्तता असंभव हो जाती है । जो इस विधि से गुजर गया वह विक्षिप्तता के पार चला गया । वह अब पागल नहीं हो सकता । अब उसकी कोई संभावना नहीं । उसका संभावित बीज ही मर गया । इस रेचन-क्रिया से वह बिल्कुल जल गया । यह द्वितीय चरण मानसिक चिकित्सा है—साइकोथेराप्युटिक है ।

और कोई व्यक्ति ध्यान से तभी जा सकता है जबकि वह रेचन-क्रिया से गुजर चुका हो । उसे पूर्ण स्वच्छ होना चाहिए । सब प्रकार की मूर्खताएं बाहर फेंक दी जानी चाहिए । हमारी सभ्यता ने उसे दमन करना और भीतर रखना सिखाया है, इसलिए वह अचेतन में चला जाता है और हमारी आत्मा का एक अभिन्न हिस्सा बनकर हमारे पूरे मन की सीमा में भारी गड़बड़ी उत्पन्न करता है । हर प्रकार का दमित भूत विक्षिप्तता के लिए सम्मानित बीज बन जाता है । उसे बाहर जाना ही चाहिए ।

इसलिए मनुष्य जितना अधिक सभ्य होता जाता है, उसका विक्षिप्त होना उतना ही अधिक संभावित होता जाता है । असभ्य के पागल होने की बहुत कम संभावना है, क्योंकि वह अभी भी शरीर की भाषा जानता है । और वह उसके साथ सहयोग करता है । उसका शरीर दमित नहीं है । उसका शरीर उसके भीतरी अस्तित्व का ही खिला हुआ रूप है ।

इसलिए दूसरा चरण भी पूरी समग्रता से करना है । आप जरा भी बाहर न हों आप पूरे ही उसमें हों जब आप उसे कर रहे हों पूरी समग्रता से करें । कृत्य ही हो जाएं, कर्ता न रहें । समग्रता का यही अर्थ है । करना ही हो जाएं, ऐक्ट ही हो जाएं । ऐक्टर, अभिनेता न रहें, क्योंकि अभिनेता सदैव ही अपने अभिनय के बाहर रह जाता है, वह स्वयं उसमें नहीं होता जब मैं आपसे प्रेम करता हूं, मैं उसमें

हूं; परंतु जब मैं प्रेम का अभिनय करता हूं तो मैं बाहर ही हूं।

द्वितीय चरण में बहुत-सी बातें संभव हैं। हर एक व्यक्ति की भिन्न-भिन्न क्रियाएं होंगी। कोई नाचने लगेगा, कोई चिल्लाने लगेगा, कोई नग्न हो जाएगा, कोई कूदने लगेगा, तो कोई हंसने लगेगा। उस क्षण कुछ भी हो सकने की पूरी संभावना है।

इसलिए इसे पूरे अंतस से करें, तभी आप तृतीय चरण में प्रवेश कर सकते हैं क्योंकि उसमें जाने में एक आंतरिक श्रृंखला है। प्रथम चरण में विद्युत उत्पन्न हो जाती है। आप उसे कुंडलिनी भी कह सकते हैं। वह घूमने और चलने लग जाती है और तभी शरीर को छोड़ा जा सकता है, पहले नहीं।

जिस क्षण आंतरिक गतियां प्रारंभ हो जाती हैं, उसी क्षण बाह्य क्रियाएं संभव हैं। और द्वितीय चरण में जब शरीर संपूर्ण ढीला छोड़ दिया गया हो और समग्रत: सहयोगी हो तो वह यंत्रवत् हो जाता है, और अब आप उसे एक घटना की भांति देख सकते हैं, न कि एक क्रिया की भांति।

यह दूसरे चरण की चरम सीमा है। जब आप अपने शरीर को अपने से अलग देखते हैं और रहस्यमयी क्रियाएं और अद्‌भुत घटनाएं होते देखते हैं—तो आप एक साक्षी हो जाते हैं। इसके बाद ही 'मैं कौन हूं'—यह प्रश्न पूछा जा सकता है, क्योंकि अब पुराना तादात्म्य तो टूट गया अब आप जान पाते हैं कि आप शरीर नहीं हैं; अब आपको अनुभव होता है कि आप श्वास नहीं हैं। इसलिए 'मैं कौन हूं'— यह प्रश्न संगतिपूर्ण हो जाता है। यही तृतीय चरण है।

अब आपको अपने भीतर पूरी तीव्रता से पूछना है—'मैं कौन हूं'। अपनी पूरी शक्ति एवं समग्रता से इस प्रश्न को पूछते ही जाना है, बस और कुछ नहीं। इतनी तीव्र गति से पूछना है कि 'दो' 'मैं कौन हूं' के बीच में कोई अंतराल न रहे।

इस प्रश्न को इतनी तेज और तीव्र गति से भीतर दोहराएं कि इसकी आवाज सारे शरीर में गूंजने लगे और शरीर का रोम-रोम इससे कंपने लगे। यदि प्रश्न की तरंगें बाहर निकलने लगें तो घबराएं नहीं। यदि आप भीतर पूछना आरंभ करते हैं कि 'मैं कौन हूं' तो यह प्रश्न बाहर भी निकलने लगता है और आप जोर से चिल्लाने लगते हैं 'मैं कौन हूं' 'मैं कौन हूं'? तब भी उसे दमित नहीं करना है! उसे करते ही चले जाएं दस मिनट ताकि आप पूरी तरह थक जाएं।

ये तीन चरण दस-दस मिनट के लिए हैं। इसके बाद केवल मौन रहकर प्रतीक्षा करनी है। तब आप अपने से ही विश्राम में चले जाते हैं। शरीर थक गया है, श्वास भी थक गयी है। अब विश्राम सहज स्फूर्त हो जाता है—आपको उसके लिए कुछ करना नहीं होता। यह चतुर्थ चरण ही वास्तव में, ध्यान का प्रारंभ है।

पहले तीन चरण मात्र तैयारी है, चतुर्थ छलांग है—पहले तीन तो जंपिंग बोर्ड पर ही होते हैं। चतुर्थ ही अज्ञात की गहराई में छलांग है। इसलिए चतुर्थ चरण में आप बस मौन रहें; बस प्रतीक्षा करते रहें एक अज्ञात घटना के घटने के लिए।

अब मात्र प्रतीक्षा है और बहुत-सी बातें घटित होना आरंभ होंगी। बहुत-से साइकिक, मनोगत, अनुभव आपकी चेतना में प्रवेश करने लगेंगे, जैसे कोई रंग, सुगंध, प्रकाश, कई प्रकार के रंग, कई प्रकार की ध्वनियां कितने ही अज्ञात एवं अनसुनी संगीत ध्वनियां आदि—इस तरह की कई बातें अनुभव होनी प्रारंभ होंगी। आपको उनके प्रति सजग रहना है, मात्र द्रष्टा, मात्र स्पर्धा।

धीरे-धीरे ये साइकिक, मनोगत अनुभव भी चले जाएंगे। तब फिर कोई रंग, प्रकाश, अंधकार आदि देखने को नहीं रहेगा। ये मनोगत बातें धीरे-धीरे गिर जाएंगी। और फिर केवल शून्यता रह जाएगी। और वह शून्यता का भाव, वह 'कुछ नहीं' की भावदशा ही ध्यान है।

और उससे आगे, कुछ भी नहीं कहा जा सकता। उसके आगे आप स्वयं जानना आरंभ करते हैं आप स्वयं देखने लगते हैं। उसके आगे किसी भी व्याख्या की कोई आवश्यकता नहीं, किसी भी दर्शन या मीमांसा की आवश्यकता नहीं।

यह एक सबसे सरल विधि है जो कि संभव है। इसे कोई भी कर सकता है जो इसे करने के लिए तैयार है। अन्य किसी योग्यता की आवश्यकता नहीं, बाकी सब अपने आप आ जाता है।

इसलिए आज आप मेरे सामने खड़ी हों ताकि मैं आपको घटना के प्रति उन्मुख देख सकूं । मेरे सामने आप पूरी तीव्रता से सजग हो जाएंगी उसे पूरी ऊंचाई पर करने के लिए। इसलिए मेरे सामने खड़ी हों और करें शेष सब अपने आप जुड़ जाएगा।

केवल तीन दिनों में ही यह सबसे सरल बात घटित हो जाएगी। और यह सब इतना अपूर्व होता है इतना विश्रामद्रेय होता है कि कुछ कहा नहीं जा सकता।

इसलिए आज पूरी शक्ति से इसे चरम सीमा तक करें; बस बस बिल्कुल पागल ही हो जाएं।

चौथी भेंट-वार्ता

# एल एस डी—मिथ्या समाधि का निकट द्वार

**ओशो के साथ मा आनंद प्रेम, सहायक संचालक शिवानंद आश्रम, न्यूयार्क की बंबई में हुई एक अंग्रेजी भेंट-वार्ता : 'एल.एस.डी. : ए शार्टकट टु फॉल्स समाधि' का हिंदी-अनुवाद।**

**मा आनंद प्रेम :** ओशो, इसके पूर्व कि मैं प्रश्न करूं, मैं आपसे ध्यान के विषय में किए गए प्रयोग और अनुभवों का कुछ वर्णन करना चाहती हूं, जो मुझे एल एस डी सेवन के नियंत्रित प्रयोग से उपलब्ध हुए।

मैं न्यूयार्क में मनोविश्लेषण का अध्ययन करती थी। अत: शासन की ओर से एल एस डी के नियंत्रित सेवन से होने वाले परिणामों के अध्ययन-हेतु होने वाले अनुसंधानकार्य में मैंने एक प्रयुक्त, सबजेस्ट के रूप में भाग लिया। मुझे दो वर्ष की अवधि में एल एस डी की सात हलकी मात्राएं नियंत्रित रूप में दी गयीं।

मैंने इसकी पूरी प्रतिक्रिया सीखी कि एल एस डी का प्रयोग करके किस तरह कुंडलिनी का जागरण किया जाए और ध्यान को प्राप्त किया जाए।

तीन बार मुझे कुछ विशेष अनुभव हुए। मेरी समझ में निश्चित ही वे उस बीज समाधि के अनुभव थे जो छठवें शरीर, सिक्स्थ बाडी में घटित होते हैं, जहां मैं समग्र अस्तित्व के साथ एकरस हो गयी थी। आपका अभिप्राय प्राप्त करने के उद्देश्य से मैं आपसे इन अनुभवों को कहूंगी और यह भी जानना चाहूंगी कि यह अनुभूति विश्व चेतना, कास्मिक कांशसनेस की थी अथवा नहीं।

मैंने दवा ली और योगासन लगा लिया और ध्यानस्थ हुई। कुछ क्षण बाद मूलाधार केंद्र से सुषुम्ना तक कुंडलिनी ने उत्थान किया। मैंने अपना ध्यान आज्ञा चक्र पर केंद्रित किया। परिणामत: वहां समस्त प्राण ऊर्जा का प्रवाह शुरू हो गया। आज्ञा चक्र से कुछ ऊर्जा अनाहत चक्र तक नीचे बही जिससे वहां की तनावयुक्त ग्रंथियां शिथिल हुईं। यह सब बड़ा आनंददायी था।

चार रंगों से मैं भलीभांति परिचित थी; उनमें मेरे वस्त्रों के जैसा गेरुआ रंग था जो मुख्य था। चारों तरफ से उसी रंग ने मुझे घेर लिया। उसमें पीले रंग का भी सम्मिश्रण था। उसके भीतर की पर्तों में सूक्ष्म रूप से फैला हुआ सफेद था। बिल्कुल बाहर के तल

पर और गेरुए रंगवर्तुल के ऊपर गहरा नीला रंग था। यद्यपि सब मिलाकर मुख्यत: गेरुआ रंग ही प्रतीत होता था।

अचानक कुंडलिनी वेग से मेरुदंड से उठी थी बहुत तीव्रता और शक्ति से और आज्ञा चक्र में विस्फोट हुआ था। इसके फलस्वरूप मैंने अनुभव किया था कि मैं संपूर्ण अस्तित्व ही हो गयी होऊं और सब मुझमें एक हो गया हो। या यूं कहिए कि मैं पूरी तरह से ही विलीन हो गयी थी और ब्रह्मांड ही वहां था।

स्पष्ट रूप से पूरी सचेतनता के साथ यह अनुभव मुझे होता रहा। जो इसके पहले मुझे कभी नहीं हुआ, यह संपूर्ण रूप से कामना-रहित अवस्था थी, सब तृष्णाएं और वासनाएं पिघल गयी थीं। पूर्णतया एकलयता की यह अनुभूति थी। चाहने को अब कुछ शेष नहीं था, जैसे सब कुछ एक विराट वर्तमान में समाविष्ट हो गया हो। मानो सारा धुंधलापन मिट गया हो। और विषयगत 'मैं भाव' का पर्दा जिसे अहंकार कहते हैं और जिससे मेरी बाह्य सत्ता प्रभावित थी वह सब विसर्जित हो गया था। सब दीवारें और भिन्नताएं जो भीतर-बाहर के बीच पड़ी थीं, टूट गयी थीं।

यहां पर मैंने ध्यान बंद किया। मुझे कुछ महसूस हुआ कि मैं ध्यान और आनंद की चरम परिणती पर पहुंच गयी। अब ध्यान करना वश की बात नहीं थी। मेरी मेरुदंड तनाव-शून्य तल तक पहुंच गयी प्रतीत होती थी। सब कुछ प्रेममय हो गया था। प्रेम के लिए अब चाहना नहीं थी। यह प्रथमावसर था जबकि प्रेम अहं पूर्ति का परिणाम नहीं था। वास्तव में अब न तृष्णाएं थीं, न कोई आवश्यकताएं रह गयी थीं। सारा जगत् आनंदमय, उल्लासमय, सहज क्रीड़ापूर्ण प्रतीत हो रहा था। ऐसा लगा कि हजारों शक्ति परमाणुओं से सृष्टि स्वयं से ही लीला कर रही हो, उसके बाद मैं उठी और चलने लगी, यद्यपि मेरा शरीर चल रहा था किंतु यह स्पष्ट था कि मैं शरीर नहीं हूं बल्कि सृष्टि हूं। शरीर मेरे सम्मुख घूम रहा था और मेरा शरीर के साथ सब तादात्म्य चला गया था।

तीन अनुभवों में से प्रत्येक अनुभव में मैं करीब बारह घंटे तक ऐसी ही हालत में रही। फिर शरीर के अवयतन तनावपूर्ण स्थिति में आ गए और जैसा पहले था वैसा ही फिर शरीर के साथ होने लगा। हालांकि मुझे कुंडलिनी से बहुत लाभ मिला था और हर एक प्रयोग के बाद दो मास तक मेरा ध्यान आनंदपूर्ण रहा जो मुझे किसी योगविधि से उपलब्ध नहीं हुआ था। जब मैं योग और ध्यान का अभ्यास करती हूं तो मुझे कुछ ऐसा प्रतीत होता है कि ये योग-विधियां भी उसी दिशा में ले जा रही हैं जो एल एस डी लेने पर होता था। मुझे कुछ फर्क नहीं लगता। और इन सभी अनुभूतियों का जीवन्मुक्त अवस्था और मेरे पढ़े हुए सजीव समाधि के वर्णनों से ठीक तालमेल बैठता है।

मेरे कुछ सवाल हैं:

(1) आपकी राय में क्या जो मुझे अनुभूति हुई वह सहज समाधि थी, जो कि मुझे लगती थी। यदि यह बात सच नहीं तो छठवें शरीर के तल पर सहज समाधि में क्या अंतर पड़ता है, सिवा इसके कि यह स्थायी नहीं है।

(2) समय-समय पर आध्यात्मिक प्रयोजनों के लिए एल एस डी का कुछ नियंत्रित परिस्थितियों में, जो ध्यान में सहायक हों, उपयोग किया जाए तो क्या उससे कुछ नुकसान है?

(3) एल एस डी जैसे रसायन से क्या स्थायी आत्मानुभव संभव है?

(4) रंगों से क्या तात्पर्य है?

**ओशो:** वह सत्य अनुभूति नहीं थी, वह समाधि नहीं थी किंतु रासायनिक रूपांतर था। चित्त को जो अच्छा लगे वह चित्त प्रक्षेपित कर सकता है, फिर चाहे वह समाधि की अचेतन मन से की हुई कामना ही क्यों न हो। तो फिर जब जो कुछ भी तुमने जाना है, जो कुछ भी समाधि के विषय में पढ़ा है, वह सब एल एस डी की रासायनिक मदद से

पैदा होगा। एल एस डी हो या कोई वैसी ही कोई अन्य दवा हो, मन को अधिकतम काल्पनिक बनाने के लिए उनका उपयोग है। जो भी अड़चनें हैं, सामान्य रुकावटें हैं, वे हट जाती हैं। चेतन मन तथा सामान्य बुद्धि कुछ देर के लिए हट जाती है। अचेतन के प्रभाव में तुम संपूर्ण रूप से आ जाती हो। किंतु एल एस डी से अचेतन स्वयं में समाधि लाने में समर्थ नहीं। यह तभी संभव है जब अचेतन को धारणाओं, रंग और प्राण-संबंधी अनुभूतियों भर दिया जाए। जो भी कुछ उसमें भर दिया गया है वह सब प्रक्षेपित किया जा सकता है। यदि कुंडलिनी के बारे में तुम कुछ नहीं जानती होतीं तो एल एस डी के द्वारा यह अनुभूत करना असंभव है। एक आदमी काल्पनिक भय, फोबिया से पीड़ित है तो वह काल्पनिक भय, फोबिया का प्रक्षेपण करेगा। भयग्रस्त व्यक्ति भयावना जैसे कुछ वास्तव में घटित हो रहा है, ऐसा महसूस करेगा। अतएव एल एस डी भिन्न-भिन्न व्यक्तियों के लिए भिन्न-भिन्न अनुभूतियां देगी। अचेतन मन के भीतर जो भी बीज रूप में निहित है वह एल एस डी के माध्यम से प्रक्षेपित होगा। यदि प्रेम है तो प्रेम प्रक्षेपित होगा। यदि घृणा है तो घृणा प्रक्षेपित होगी। एल एस डी फैलाव करने वाली दवा है, जो कुछ बीजरूप में है वह वृक्षरूप धारण करेगा। आप कुंडलिनी का अनुभव कर सकती हैं, आप चक्रों का अनुभव कर सकती हैं, आप एकलयता का समग्रता का अनुभव कर सकती हैं, क्योंकि ये सब बीज रूप में पहले से ही अचेतन मन में पड़े हैं। यदि वे बीज वहां न हों तो एल एस डी उनका प्रक्षेपण नहीं कर सकता।

जो प्रक्षेपण है वह एल एस डी से ही है, किंतु यह समाधि नहीं है। आपकी अचेतन कामना के कारण यह समाधि आती है। यदि आपने उसकी कामना अंतस्तल में की है तो उसमें एल एस डी सहायक होगी। जो भी अचेतन है एल एस डी वहां सहयोगी होगी, पर वह मनोगत अनुभव होगा, आध्यात्मिक अनुभूति नहीं।

जो भी तुमने देखा है वह साक्षात्कार की कामना का परिणाम था, जो चित्त के फलक पर प्रतिबिंबित हुआ।

इसलिए यह समाधि नहीं है, न ही यह सत्य है; यह दोनों ही नहीं: और यह स्वप्नावस्था सिवाय, कुछ नहीं है, यह मात्र स्वप्निल घटना है।

रात में चेतन मन के पर्दे गिर जाने से स्वप्न आते हैं। जो कुछ भी मन में दबाया गया है, इच्छा की गयी है, कामना की गयी है वह सब आकार और रूप धारण करता है और कल्पित किया जाता है। जब स्वप्न में आप होते हैं तब आप यह कभी नहीं जानते कि यह स्वप्न ही चल रहा है। क्योंकि वह बहुत ही जीवंत प्रतीत होता है वह असाधारण रूप से यथार्थ लगता है। इतना प्रामाणिक सत्य प्रतीत होता है कि आप कभी भी यह समझ नहीं पाते कि आप स्वप्न में हैं।

एल एस डी स्वप्न में डूबने के लिए एक रासायनिक प्रक्रिया है। स्वप्न देखने का यह स्वाभाविक उपाय नहीं है बल्कि यह तो स्वप्न में डूबने का रासायनिक उपाय है।

इसलिए आप ऐसी चीजें देख सकती हैं जो आपने पहले कभी नहीं देखीं, ऐसी चीजें जान सकती हैं जो आपने पहले कभी नहीं जानीं, ऐसी चीजों को प्रत्यक्ष पा सकती हैं जो पहले कभी भी प्रत्यक्ष नहीं हुई थीं किंतु ये सब प्रत्यक्षीकरण, भ्रमपूर्ण प्रतीतियां हैं। वे सत्य नहीं हैं। वे सुंदर हैं, उनका अपना आकर्षण भी है जैसे कई सुहावने स्वप्नों का होता है। परंतु एल एस डी स्वप्नों को ही प्रक्षेपित कर सकती है।

यह आप पर निर्भर है न कि एल एस डी पर। यदि आपका मन भ्रमित है और अत्यंत कष्टदायी कल्पनाओं से पीड़ित है, तो ये सब भ्रम प्रक्षेपित होंगे। इसलिए ऐसे भी कई लोग हैं जिहोंने एल एस डी के माध्यम से यात्रा की और नर्क देखा, और कई लोग हैं जिहोंने

राक्षस देखे। यह व्यक्ति पर अवलंबित है। जो भी कुछ आपके मन में प्रक्षेपित करने के लिए है, उस सब को यह रासायनिक औषधि प्रक्षेपित कर सकती है।

इसलिए उसको भूल से भी समाधि नहीं समझना और उन अनुभूतियों से न बंध जाना, अन्यथा वे ध्यान बाह्य स्वरूप होंगे। एल एस डी से उत्पन्न हुए स्वप्नों में तुम ऐसी उलझ गयी हो कि सच्चे ध्यान में जब भी तुम डुबोगी तब वह तुम्हें धुंधला प्रतीत होगा। यह इतना शक्तिशाली नहीं है कि इसकी अनुभूति तूफानी लहरों के समान हो।

सपनों में हुई अनुभूतियों की तुलना में ध्यान धुंधला-सा प्रतीत होगा। और यह निराशापूर्ण स्थिति पैदा करेगा। तुम्हें ऐसा लगेगा कि कुछ खो गया है। तुमने कुछ जाना है और यह कुछ ध्यान के द्वारा नहीं आ रहा है। तब मन कहेगा कि एल एस डी ही ठीक है। और तुम यदि एल एस डी सतत लेती जाओगी तो तुम्हारा मन ध्यानस्थ होने में क्रमशः कमजोर होता चला जाएगा। ध्यान और ध्यान के अनुभव भी धीरे-धीरे निस्तेज होते जाएंगे। इसीलिए एल एस डी अब फिर कभी मत लेना।

**मा आनंद प्रेमी :** किंतु वह केवल एक प्रयोग था।

**ओशो :** हां, ठीक है किंतु उसने तुम्हारे मन पर प्रभाव डाला है। और यह प्रभाव खतरनाक है क्योंकि अब तुम हमेशा तुलना करोगी। तुलना सदैव वहां होगी ही। सच्चा ध्यान अवास्तविक प्रतीत होगा क्योंकि अवास्तविक ध्यान तुम्हें प्रमाणिक प्रतीत हुआ है।

**मा आनंद प्रेमी :** मैं दोनों में कोई वास्तविक अंतर नहीं पाती।

**ओशो :** बहुत-सी बातें हैं। प्रथम तो यह कि तुलना कभी शतप्रतिशत सही नहीं होती। वह कभी सत्य नहीं भी हो सकती, क्योंकि जो कुछ एल एस डी की यात्रा में तुम्हें अनुभूत हुआ है, जागने पर वैसा ही तुम्हें याद नहीं हो सकता। सपना पूरा होने के बाद सपने की वैसी ही

स्मृति तुम्हें नहीं हो सकती । सपना फिर से कल्पित किया जाता है । बहुत कुछ उसमें तुम जोड़ती हो । वह वैसा ही नहीं है, क्योंकि जब एल एस डी का नशा समाप्त होता है तो जो कुछ उस वक्त हुआ था उसको ठीक वैसे ही रूप में याद नहीं कर सकते । केवल कुछ आनंदानुभूति की धुंधली झलक जरूर होगी । और अब तुम उस समग्र अनुभव की कल्पना फिर से करोगी । और यह वही अनुभूति नहीं है, जो हुई थी । वह कभी हो भी नहीं सकती । तुम्हें कुछ ऐसा लगता है कि तुमने कुछ जाना है । यह अनुभूति भ्रम है और फिर से तुम कल्पना करोगी जो तुमने देखा था, जो तुमने अपने अनुभव में जाना था । परंतु आनंदानुभूति होगी क्योंकि रासायनिक औषधि के कारण प्रतीति होगी ही ।

तुम संपूर्ण रूप से तनाव-मुक्त हो गयी हो । उस क्षण तुम्हारे सब तनाव वापस पीछे लौट गए हैं । वे अस्तित्व के बाहर नहीं हो गएं, वे तो तुम्हारे लौटने की प्रतीक्षा में हैं । किंतु वे बिल्कुल तुम्हारे सम्मुख नहीं हैं, इसलिए तुम्हें संपूर्ण तनाव-मुक्ति का अनुभव होता है । उसका प्रकटीकरण इतना विशाल होता है कि बाद में भी तुम्हें आनंद की अनुभूति होती रहेगी । तुम उसका अनुभव करोगी । अति आनंद का अनुभव वहां होगा । इन आनंदानुभूति के क्षणों में फिर तुम कल्पना करोगी जो तुमने देखा है, जो तुमने जाना है ।

यह सब अब काल्पनिक है, इसमें से नब्बे प्रतिशत कल्पना है और जितना लंबा फासला अनुभूति और स्मृति में होगा उतना ही तुम्हें प्रीतिकर व आनंदपूर्ण प्रतीत होगा । यह एक मोहक स्मृति होगी । अब हर बार ध्यान में तुम इससे समानता करोगी । तुलना में ध्यान फीका होगा क्योंकि वह यथार्थ है । ध्यान स्वप्नों का देश नहीं है । प्रगति धीरे-धीरे है । वह आकस्मिक नहीं । वह तुम्हें कभी पीछे से आकर पकड़ नहीं लेगी । अज्ञात सागर में जाना । तुम इस बीच सक्षम होते जाओगे और प्रगति बहुत मंद है । वह बहुत मंद प्रतीत होगी क्योंकि इस वास्तविक जगत में समय है, किंतु एल एस डी

जन्य अनुभवों में और सामान्य सपनों में ऐसा कोई समय नहीं है जो जागने के क्षणों में होता है। इसलिए वास्तव में जिस सपने को यथार्थ होने में सालों लग सकते हैं तुम उसे एक क्षण में देख सकती हो।

अतएव एल एस डी में जो कुछ घटना है वह अचानक है। वह इतनी अचानक है कि वह तुम पर पूरी छा जाती है। वह तुम्हारे संपूर्ण स्मृति पटल को ध्वस्त कर देती है। कुछ क्षणों के लिए सारे तनाव अस्तित्वहीन हो जाते हैं। तुम विश्राम-उपलब्ध हो जाते हो और ब्रह्म से एकलय होने का तुम्हें अनुभव होता है। अब वहां कोई बाधाएं नहीं हैं। तुम अब मैं के रूप में नहीं होती और जगत् और तुम एक हो जाती हो। यह इतना अचानक और आनंदपूर्ण होता है कि तुम्हें उसकी मोहक स्मृति बाद में भी रहेगी। और तुम हर बार उसमें कुछ अधिक जोड़ती चली जाओगी। तुम इसकी तुलना यथार्थ से करो तो यह अधिक सुंदर होती जाएगी। और यथार्थ उतना ही मंद होता चला जाएगा। इसलिए इसकी तुलना मत करो।

पहली बात, तुम दो चित्त स्थितियों में होती हो इसलिए तुलना नहीं कर सकतीं और स्मृति को एक अवस्था में से दूसरी अवस्था में नहीं लाया जा सकता है। वह नहीं लायी जा सकती है। कुछ अस्पष्ट स्मृति ही वहां होती है। दूसरी बात, जब तुम पीछे की पार्श्वभूमि से तुलना करती हो तब भी वह वही मन है जिसने एल एस डी के अनुभव प्रक्षेपित किए थे, वही अचेतन मन है, वही माध्यम है। तुम एल एस डी लेती हो और ध्यानस्थ होती हो! सभी समय अचेतन बीजराशि वहां है जिसे तुम ध्यान में आकार देती हो। दूसरी बात जो स्मरण की है वह यह कि तुम किसी प्रकार के पूर्वनिर्धारित सूत्रों तथा तैयार धारणाओं की कल्पना न करो। क्या परिणाम आने को हैं—उस संबंध में मत सोचो। ध्यान में उतरने का अर्थ है अज्ञात सागर में जाना। क्या होनेवाला है इसको

तुम पहले से नहीं जान सकतीं। और यदि जो होने वाला है इसको आप पूर्व से ही जानती हो तो वैसा घटित होना शुरू हो जाएगा। और यह अभी भी प्रक्षेपण होगा।

एल एस डी में तुम प्रक्षेपण कर सकती हो। ध्यान में भी तुम प्रक्षेपण कर सकती हो, क्योंकि अचेतन मन ही प्रक्षेपण करने वाला है।

इसलिए कुंडलिनी से संबंधित सारा ज्ञान, चक्रों से संबंधित सारा ज्ञान, और वह सारा ज्ञान जो तुम जानती हो, फेंक दिया जाना चाहिए; क्योंकि तुम्हारा सामान्य मन भी प्रक्षेपण कर सकता है। जब तुम ध्यान करती हो, तब यही सब चीजें प्रक्षेपित कर सकती हो। प्रक्रिया मंद रहेगी क्योंकि कुछ रासायनिक सहायता वहां नहीं है। कुछ अधिक समय लगेगा किंतु सिद्धांत यही है। मैं यह नहीं कहता कि कुंडलिनी नहीं है। मैं यह नहीं कहता कि चक्र नहीं है, मैं यह भी नहीं कहता कि अनुभूतियां नहीं हैं। वह सब कुछ है किंतु उसकी तुम्हें पूर्व जानकारी नहीं होनी चाहिए अन्यथा तुम उनको प्रक्षेपित कर लोगी।

तुम्हें संपूर्णतः अज्ञात होना चाहिए। तुम्हें अज्ञानी होना चाहिए। यह एक बुनियादी शर्त है आगे बढ़ने के लिए तुम्हें कुछ भी -ज्ञान नहीं होना चाहिए। प्रत्येक वस्तु को तुम्हें सीधे ही जा चाहिए, सीधे ही अनुभूत किया जाना चाहिए, कुछ भी मान लेना है। सूचनाओं को ज्ञान नहीं बना लेना है। इसलिए सब सूचनाओं से मुक्त हो जाओ। चीजों को जानना छोड़ दो और शून्य होकर आगे गति करो। अज्ञान में चलो—जैसे तुम कुछ नहीं जानतीं। इसके कारण सब अद्‌भुत होगा, सब कुछ अद्‌भुत होना ही चाहिए। यदि यह आश्चर्यजनक नहीं है तो तुम कहोगे कि, हां, यह तो मैंने जाना है, ऐसा तो पहले भी घटित हुआ है।

यहां, आत्म-प्रवंचना की सारी संभावना है क्योंकि मन प्रवंचक है। और अचेतन सदा ही छलना-भरी युक्तियां खेलता रहता है। एल

एस डी में ही यह प्रवंचना होती हो, ऐसा नहीं है, सामान्य ध्यान में भी यह प्रवंचना संभावित है, क्योंकि अचेतन तो वही है । तुम्हें उसे परिवर्तित कर देना चाहिए । तुम्हें उसे रिक्त कर लेना चाहिए । वह ज्ञान से भरा अचेतन नहीं होना चाहिए । वह अज्ञात का सामना करने पर तत्पर, खुला, शक्तिशाली होना चाहिए । ध्यान अज्ञात में प्रवेश करना है । इसलिए तुम्हें रेचन की आवश्यकता है, तुम्हें निर्मल होने की आवश्यकता है, तुम्हें संपूर्ण रूप से साफ होने की आवश्यकता है ।

अचेतन निर्मल हो जाना चाहिए । उसे पहले से बोझिल नहीं होना चाहिए, उसमें बीज नहीं होना चाहिए । सबीज समाधि का आशय है आपके प्रक्षेपणों-सहित समाधि । वह सत्यत: समाधि है ही नहीं । वह मात्र नाम के लिए है । एक और संज्ञा है—निर्बीज समाधि, समाधि जो बीज-रहित है । निर्बीज समाधि ही समाधि है, वही प्रामाणिक है क्योंकि वहां कल्पनाओं के प्रक्षेपण के लिए कुछ भी शेष नहीं रहता । ऐसा नहीं कि तुम कुछ प्रक्षेपित करती हो, बल्कि कुछ तुम्हारे द्वार पर आता है । तुमने किसी का सामना किया है तुमने कुछ नया जाना है जो एकदम ताजा है जो पहले से ही पूर्णत: अज्ञात है, कोई कल्पना भी नहीं की जा सकती क्योंकि जो कुछ तुम कल्पित करती हो उसे ही तुम प्रक्षेपित भी कर सकती हो, आकार भी दे सकती हो ।

अतएव ज्ञान समाधि में बाधक है और जो भी व्यक्ति ज्ञान से युक्त है वह समाधि तक कभी भी नहीं पहुंच सकता । तुम्हें ज्ञान के भार से लदे हुए नहीं जाना चाहिए । तुम्हें समाधि के द्वार पर पूर्णत: खाली हाथ, नग्न, शून्य होकर जाना चाहिए तभी कुछ प्रामाणिक चीजें घटित होती हैं । अन्यथा तुम, कल्पनाओं-सहित ध्यान कर रही हो । तुम ध्यान में प्रक्षेपण करती आयी हो, तुम अपने एल एस डी के अनुभवों में भी प्रक्षेपण करती रही हो । किंतु दोनों ही में प्रक्षेपण है ।

तुम्हें भारमुक्त हो जाना चाहिए। तुम्हें यह समझना आवश्यक है। जो भी तुम्हारा ज्ञान-संग्रह है उसे भूल जाओ। समाधि के लिए कोई धारणा मत बनाओ। कुछ न सोचो, कुछ भी धारणाएं निर्मित न करो, बालक की भांति अज्ञात प्रदेश में प्रवेश करो। भाषा ज्ञात नहीं है, कोई परिचित भी नहीं है, सब कुछ नया है, और आपके पास मार्गदर्शन की पुस्तिका भी नहीं है। बस इस भांति ही चीजें घटित होना आरंभ होंगी जो अपने में प्रामाणिक हैं। अन्यथा कुछ भी घटित होने में बहुत समय लगेगा, और तुम अपने ही चारों ओर चक्कर लगाती रहोगी और मनोकल्पनाएं प्रक्षेपित होती रहेंगी। इस कारण एल एस डी बहुत शक्तिशाली सिद्ध होगा। एल एस डी बहुत महत्त्वपूर्ण, प्राणवान होगा। एल एस डी एक अनुभव जैसा लगेगा जबकि ध्यान उसकी तुलना में सत्त्वहीन लगेगा। किंतु यदि तुम ज्ञान से निर्भार हो जाओ, सब नाम... कुंडलिनी, चक्र आदि सब कुछ भूल जाओ, एक किनारे रख दो और बालक की भांति आगे चलो, तब ही ध्यान की घटना घटेगी। अन्यथा, ध्यान भी काल्पनिक और स्वप्न ही सिद्ध होगा।

दोनों में बहुत सूक्ष्म अंतर है। यह जानना वास्तव में कठिन है कि अंतर क्या है, यद्यपि अंतर तो निस्संदेह है। किंतु एक बात ठीक से समझ लेनी चाहिए और वह यह है कि यदि घटनाएं आपके ज्ञान के अनुसार घटती हैं तब आपको उन्हें गंभीरतापूर्वक नहीं लेना चाहिए। क्योंकि घटनाएं आपके ज्ञानानुकूल नहीं घट सकतीं। वे घटनाएं प्रत्येक व्यक्ति को इतने भिन्न रूप में घटित होती हैं कि न कोई शास्त्र, न कोई गुरु यह सही रूप से कह सकता है कि क्या घटित होगा। जो भी कुछ कहा जाता है वह सिर्फ एक सामान्यीकरण है। किसी को भी ठीक उसी रूप में घटित नहीं होती। सात चक्र या कुंडलिनी या पथ ये सब इतने अलग-अलग रूप में हैं कि वे हर एक व्यक्ति के लिए भिन्न-भिन्न होने को ही हैं। इसलिए घटनाएं किसी ढांचे के अनुसार घटित होती हों तो उन्हें गंभीरता से नहीं लेना चाहिए। आप फिर कल्पना ही कर रहे

हैं। घटनाएं आपके लिए कुछ दूसरी तरह से ही घटेंगी। वे किसी अन्य को उसी भांति कभी न घट सकेंगी। हर घटना व्यक्तिगत होती है और उसमें सामान्य नियम नहीं होते हैं।

सबके अनुभव भिन्न हैं और अपने में बेजोड़ हैं और वे सब घटनाएं जो कही जाती हैं वे सामान्य नियम के अंतर्गत हैं। सामान्य नियमों के अनुसार घटनाएं कभी घटती नहीं। हम यहां बीस आदमी हैं। हम, यहां जो उपस्थित हैं, सबकी औसत उम्र निकाल सकते हैं पर एक भी यहां उस औसत उम्र का न मिलेगा। अनुपात एक कल्पना है। वह एक कोरा नियम है। हम आनुपातिक ऊंचाई निकाल सकते हैं किंतु एक भी उस आनुपातिक ऊंचाई के अनुरूप न होगा। हमारे पास औसत ज्ञान हो सकता है किंतु ऐसे औसत ज्ञान को रखनेवाला शायद ही कोई हो।

सब सामान्य नियम कल्पनाएं हैं। वे चीजों को सूत्ररूप में बनाने में सहयोगी होते हैं। किंतु वे जीवन को प्रकट होने में सहायक नहीं होते। वे वाद बनाने में सहायता करते हैं, वे शास्त्र बनाने में सहायता करते हैं, वे नक्शे बनाने में सहायता करते हैं किंतु तुम नक्शे को देश नहीं मान सकतीं। तुम्हें मानना भी नहीं चाहिए। तुमने भारत देश का नक्शा तो देखा ही होगा, किंतु भारत में कहीं भी वह नक्शा, देश जैसा न मिलेगा नक्शा, रेखाओं के सूत्ररूप सहित हैं। जब भी तुम भारत में प्रवेश करती हो, उस सूत्ररूप नक्शे जैसे देश से कभी भी मिलन न होगा। वह एक सामान्य रूपरेखा है। वह सामान्य नियम बनाने में सहायक होती है पर वह अनुभव देने में कभी सहायक नहीं हो सकती। अक्सर यह बाह्य स्वरूप बन जाता है। इसलिए बिना ज्ञान को उपलब्ध हुए, ज्ञान-संग्रह किया जा सकता है और ऐसा ज्ञान खतरनाक है। यदि ऐसा ज्ञान बाह्य सूचनाओं से संबंधित है, तब तो ठीक है इससे कोई अंतर नहीं होता है; पर यदि यह ज्ञान आंतरिक अनुभवों से संबंधित है, तब बहुत अंतर होता है। क्योंकि मन कल्पना करता है। इससे बहुत अधिक

अंतर पड़ता है ।

इसलिए तुम अपना ध्यान ऐसे प्रारंभ करो मानो कुंडलिनी चक्र आदि के संबंध में कभी कुछ सुना ही नहीं है, उनके संबंध में कोई जानकारी ही नहीं है । इस सूत्र पर ध्यान दो—ध्यान में प्रवेश की प्रथम शर्त यह है कि तुम किसी भी तरह की कल्पना न करो, कि तुम कुछ भी नहीं जानती हो, कि तुम जो भी घटना घटित हो उसके लिए तत्पर और खुली हो । तुम्हें कुछ भी तुलना नहीं करनी है । पहले तो तुम्हारी सूचनाएं, पूर्वकल्पित धारणाएं विदा हो जानी चाहिए । तुम्हारी उनके प्रति आसक्ति नहीं होनी चाहिए । यदि तुम उनके प्रति आसक्त नहीं हो तो वे विदा हो जाएंगी, मृत हो जाएंगी । बीज रूप में ही मृत हो जाएंगी । बीज रूप में ही जल जाएंगी । पर यदि तुम आसक्त हुईं तो वे ज्ञान की तरह प्रतीत होंगी, वे सहायक की तरह प्रतीत होंगी । इसलिए उनके प्रति आसक्त मत होओ, वे निरर्थक हो जाएंगी । तब वे जीवंत बीज की तरह न रह जाएंगी । तब वे अपने को प्रक्षेपित भी न कर पाएंगी ।

दूसरी बात, सपनों की भांति अपने एल एस डी के अनुभवों को भूल जाओ अन्यथा वे तुम और तुम्हारे ध्यान के बीच आएंगे और तुलना चलती रहेगी । वह तुलना आत्मघातक होगी । उसकी तुलना नहीं करनी चाहिए, अन्यथा ध्यान होना बंद हो जाएगा, और तुम एल एस डी पर निर्भर रह जाओगी । कोई भी रासायनिक मदद केवल मनोगत घटना पैदा कर सकती है । वह कदापि प्रामाणिक अनुभूति नहीं हो सकती । प्रत्यक्षीकरण की अनुभूति तो कुछ ऐसी घटना है जिसमें कुछ आपके भीतर घटित होता है । प्रत्यक्षीकरण की अनुभूति कुछ ऐसी घटना नहीं है जिसमें आपको छलांग लेनी है । यह घटना कुछ ऐसी नहीं है जिसमें कुछ आपके भीतर प्रविष्ट हो जाता है ।

एल एस डी में तुम कहीं भी नहीं जाती हो, तुम केवल जहां थीं वहीं रहती हो । रासायनिक परिवर्तनों के कारण तुममें कुछ घटित होता

है, क्योंकि तुम्हारा सामान्य मन काम नहीं कर रहा है। सामान्य तर्क-शक्ति सामान्य अंकुश-शक्ति चेतन-शून्य हो जाती है। वे शक्तियां कार्य करना बंद कर देती हैं और अचेतन गतिशील हो जाता है। यह रासायनिक माध्यम के सहारे ही हुआ। अब आप नियंत्रक नहीं हैं वरन् रासायनिक माध्यम नियंत्रक है। तुम उसके प्रभाव में हो। अब तुम स्वतंत्र कर्ता नहीं, तुममें जो एल एस डी है वह मुक्त है और एल एस डी तुममें कुछ क्रिया करेगी। अब तुम नहीं हो जो कार्य कर रही हो वरन् तुमसे कार्य बरबस हो रहा है और तुम्हारे सामने कुछ घटना घटेगी— ऐसा नहीं कि कुछ घटना तुममें घटेगी। अनुभूति का अर्थ है कि कुछ घटना तुममें घटी—तुमने कोई छलांग ली, तुम्हारा कुछ साक्षात्कार हुआ, तुम मिट गयीं, तुम अब वहां नहीं हो जहां थीं। तुम परिवर्तित हो गयी हो। यह परिवर्तन सचेतन परिवर्तन है, पूर्ण जागरूकता में है और यह परिवर्तन तुम्हारे प्रयास का परिणाम है। क्योंकि प्रयास तुमने किया है, यात्रा तुमने की है, तुम शिखर तक गयी हो, तुम एवरेस्ट पर हो सकती हो। वहां तक पहुंचने के लिए दो मार्ग हैं:

(1) कि तुम एवरेस्ट पर हो पर वस्तुत: होओगी अपने बिस्तर पर। तुम कहीं गयी नहीं हो।

(2) तुम सचमुच जा सकती हो और यह जाना ही परिवर्तन है। ऊर्ध्वगमन के लिए वह श्रमपूर्ण संघर्ष ही तुम्हें परिवर्तित कर देगा और वह शिखर केवल एवरेस्ट की चोटी ही न होगी वरन् वह तुम्हारे प्रयासों की भी चरम सीमा होगी।

जब तुम एवरेस्ट शिखर तक पहुंच गए तब तुम अपनी इच्छाशक्ति के एवरेस्ट शिखर पर भी पहुंच गए। तुम अपने स्वप्नों में कहीं भी जाते , तुम उसी मन: स्थिति में उस समय होते हो, केवल कुछ घटना बाह्य रूप से घट जाती है। एक स्वप्न तुम तक आ जाता है। यह स्वप्न दो प्रकार से तुमको आ सकता है।

तुम एल एस डी के माध्यम से उसकी मनोरचना कर सकती हो

और यही कारण है कि वे दोनों समान-से लगते हैं। दोनों विधियों से तुम उसकी मनोरचना कर रही हो। अचेतन भारग्रस्त नहीं होना चाहिए। अचेतन बीजों से, कल्पनाओं से, कामनाओं से भारग्रस्त नहीं होना चाहिए। केवल तब ही ध्यान संभव है।

दूसरा अंतर यह है कि ज्यों ही तुमने एल एस डी ली, तुम्हारा चेतन मन निद्रा में चला जाता है और तुम्हारा अचेतन तुम पर कार्य करना प्रारंभ कर देता है। किंतु ध्यान में तुम्हारा अचेतन सो नहीं जाता है, वरन् तुम्हारा चेतन मन विस्तृत होता है और अचेतन को चेतन बनाता है। चेतन का जो प्रकाश है वह अचेतन के भीतर प्रविष्ट होता है। और एक क्षण ऐसा आता है जब तुम्हारा पूरा चित्त एक हो जाता है। तब ही ध्यान घटित होता है। किंतु एल एस डी में तो चेतन मन निद्राधीन हो जाता है और अचेतन तुम पर अधिकार जमा लेता है।

**मा आनंद प्रेमी :** तो फिर रंगों से और उनके क्रम से क्या तात्पर्य है ?

**ओशो :** उनका कुछ आशय है किंतु प्रत्येक व्यक्ति के लिए उनके क्रम का हमेशा भिन्न-भिन्न अर्थ होता है। क्रम कभी भी एक समान नहीं होता। परंतु उनका अर्थ निश्चित ही है। रंग, सुगंध, ध्वनि इन सबका अर्थ है। पहली बात तो यही देखी जाती है कि जैसे ही तुम अपने भीतर गहरे प्रवेश करती हो, तुम्हारी प्रत्येक इंद्रिय के अनुरूप अंतर—इंद्रिय भी होती है। हमारे पास बाह्य-इंद्रिय है जैसे कि आंख है। वे बाहर क्या है यह देखती हैं। किंतु जब हम आंख बंद कर लेते हैं तब वे भीतर क्या है वह भी देख सकती हैं। प्रत्येक बाह्यानुभव भीतर भी संगृहीत है। जो उसका सत्त्व है, वह संचित है।

इसलिए तुम्हारी सभी इंद्रियों के तुम्हारे मस्तिष्क में अपने संवेदना-कोष हैं। जब अंतर्यात्रा करती हो तब इन संवेदना-कोषों से तुम्हारी भेंट होगी। जब तुम रंगकोषों के करीब होती हो तब तुम मनोहर रंग देखोगी जो तुमने अपनी आंखों से कभी नहीं देखे हैं।

किंतु ये सब अतीत के अनुभवों का सार-परिणाम है। जैसे कि एक चित्रकार एक सुंदर स्त्री का चित्र बना रहा है। यह किसी विशेष स्त्री का नहीं है। उसने बहुत-सी स्त्रियां देखी हैं। यह चित्र उन सबका सार-परिणाम है। जो कुछ भी उसने देखा है, जो कुछ भी उसने जाना है, उस सबको उसने एक आकृति में उतार दिया है। कुछ अंश कहीं से है और कुछ अंश कहीं और से है। यह विशिष्ट चित्र कहीं खोजने पर न मिलेगा। यद्यपि यह काल्पनिक नहीं है, फिर भी इसे कहीं पाया नहीं जा सकता। यह प्रामाणिक है क्योंकि यह अनुभवों से आया है, पर फिर भी मात्र एक कल्पना है। यह वास्तविक व अवास्तविक दोनों है।

हमारी इंद्रियों ने सब अनुभवों को संगृहीत किया है, न केवल इस जीवन के वरन् उन सब जीवनों के जो हम जी चुके हैं। इस प्रकार कुछ सारतत्त्व हममें पड़ा है। आंखों ने रंग तथा प्रकाश इकट्ठा किया है। कानों ने ध्वनियां, संगीत, मौन का आदि संगृहीत किया है। सब सारतत्त्वों के लिए संग्रह स्थान है। विज्ञान भी इस बात को अब स्वीकार करता है। वे कहते हैं मस्तिष्क के किसी विशेष कोश को इलेक्ट्रोड से छुआ जा सके तो एक विस्फोट होगा। वह व्यक्ति जो विद्युत्-शाक के कारण नीचे गिर रहा है, तारों को देख सकता है। यह विद्युत्-शाक तारों की रचना कर सकता है, यदि मस्तिष्क के विशेष कोशों को, जिनमें प्रकाश के अनुभव संगृहीत हैं, इससे छुआ जाए। इलेक्ट्रोड से तुम्हारी स्मृतियों को जगाया जा सकता है। यदि इलेक्ट्रोड से मैं तुम्हारे उन कोशों को छू दूं जिनमें तुम्हारे बचपन की स्मृति संगृहीत है, तो तुम पुन: बालक बन जाओगी और सब कुछ बचपन का मन के परदे पर पुन: खेला जाने लगेगा।

इसलिए जब तुम अंतर्यात्रा करती हो, तब ये निश्चित सार-तत्त्व विस्फोटित होंगे और तुम ऐसी बहुत-सी चीजों को जानोगी जो इस निश्चित रूप में बाह्य सृष्टि में भी अज्ञात हैं। बाह्य सृष्टि पदार्थों के कारण हमेशा अशुद्ध है, किंतु आंतरिक अनुभूतियां शुद्ध सार-तत्त्व

हैं। यहां पदार्थ की अशुद्धता नहीं है। ये मात्र विद्युत् के नियम की तरह हैं। और ये नियम भी मात्र शक्ति हैं, यह शुद्ध है, और इसे कोई वाध्य नहीं देता। यह पारदर्शी है!

इन अनुभवों को गंभीर रूप से मत लो। इनका अर्थ मात्र संकेतों, लक्षणों की तरह है कि तुम ध्यान में गहरी जा रही हो। किंतु यह मात्र एक मार्ग है, यह लक्ष्य नहीं है। जब तुम वस्तुत: आंतरिक गहराई में पहुंच जाती हो तब कोई भी अनुभव न होंगे, न प्रकाश होगा, न ध्वनि होगी, न ही कुछ और। जब तक ये सारे अनुभव बंद नहीं होते, तब तक मन का अतिक्रमण नहीं हो सकता। यह मन ही है जो अनंत जन्मों से संगृहीत अनुभवों को दिखा रहा है। इसलिए पहले प्रत्येक व्यक्ति को भिन्न-भिन्न चीजों के अनुभव होंगे क्योंकि प्रत्येक को अलग-अलग ढंग से अनुभव मिले हैं, जहां तक इंद्रियों का संबंध है।

दो दिन हुए एक व्यक्ति आया उसे स्वाद का कोई ज्ञान न था; स्वाद क्या है, यह उसने कभी नहीं जाना था। इसलिए स्वाद का क्या अनुभव है, इसकी अंतरिक अनुभूति का कोई ज्ञान वह नहीं कर सकता था। ऐसे भी लोग हैं जो रंगों के प्रति अंधे होते हैं। रंगों के प्रति अंधे व्यक्ति का अर्थ है कि वह कोई विशेष रंग न देख सकता हो। वह सभी चीजें देखता है परंतु एक विशेष रंग उसे दिखलायी नहीं देता। बर्नाड शा पीला रंग नहीं देख सकते थे। वह पीले और हरे के बीच कोई भेद नहीं कर सकते थे। इसलिए वह रंग के प्रति अंधे थे, जहां तक पीले रंग का संबंध था। वह कभी अपने आंतरिक अनुभवों में पीला रंग नहीं देख सकते थे। उनके भीतर पीले रंग का कोष नहीं था, भीतर कोई पीले रंग का सारतत्त्व नहीं था। उन्होंने कभी नहीं देखा था। उनके लिए उनका कोई अस्तित्व न था। हम सभी रंग नहीं देखते। ये सात रंग सभी रंग नहीं हैं। हमारी देखने की सीमा इन्हीं सात रंगों तक सीमित है। इनके पार हम रंगों के प्रति अंधे हैं। इन सात रंगों के नीचे और इन सात रंगों

के ऊपर अनंत रंगों की छाया है। हमनें उन्हें नहीं देखा है, इसलिए हम अपनी अंतर्यात्रा में उनका अनुभव नहीं करेंगे, क्योंकि ये सब जो मन के संग्रह-कोष से अनुभूत होते हैं, वे बाह्य जगत् के हैं।

हमें सब रंगों की संज्ञा नहीं, जो सात रंग प्रसिद्ध हैं वे ही मूलभूत नहीं, हमारी रंग-संवेदना की सीमा सात रंगों तक ही है। उनके ऊपर हमारा कोई ज्ञान नहीं। इन सात रंगों के ऊपर या नीचे अनंत रंगों के घटक हैं। हमारी अनुभूति में ये रंग समाविष्ट न होने से हम अंतर्यात्रा में उन्हें पहचान नहीं पाते। क्योंकि ये सब, जो चित्त के संग्रह स्थान में अनुभूत होते हैं, वे बाह्य जगत के हैं।

अतएव यदि कोई संगीतज्ञ ध्यान में डूब जाए तो उसे ऐसी ध्वनियों का ज्ञान होगा जिनको हमने कभी नहीं जाना। एक चित्रकार उन रंगों को जानेगा, जिनको हमने कभी नहीं जाना। यदि वानगाग् ध्यान में गहरा जाए तो हम कल्पना नहीं कर सकते कि वह कौन-से रंग देखेगा, कौन-से नए रंग-संयोगों को वह जानेगा। इसलिए यह भी व्यक्ति-व्यक्ति के लिए भिन्न-भिन्न होगा। कोई नियम, कोई क्रम नहीं हो सकता। एक बात निश्चित है जब तुम अपनी अंतर्यात्रा में गहरे डूबोगी, घटनाएं घटित होना शुरू हो जाएंगी। तुमको रंग, ध्वनि, सुगंध, गंध के अनुभव होंगे? पर ये सब संगृहीत अनुभव हैं। यह पूरा मस्तिष्क एक भंडारगृह है। प्रत्येक कोश अनुभवों का समूह है जो विस्फोटित होने को तैयार है। अंदर जाओ, स्पर्श करो और वह विस्फोटित हो जाएगा। यह अर्थपूर्ण है क्योंकि यह अंतर्यात्रा का संकेत देता है। पर यह बाह्य बन जाएगा यदि तुम उससे आसक्त हो गयीं। क्योंकि अनुभव मोहक है, मन उससे आसक्त होने की कामना करेगा, उसे दुहराना चाहेगा। पर तब यह आगे की यात्रा में बाधा बन जाएगा।

एक ऐसी चित्त-स्थिति पर पहुंचना है, जहां कोई अनुभूति नहीं है, या कहें कि अनुभूति-रहित चित्तावस्था, या ऐसा भी तुम कह सकती हो कि चित्त की ऐसी अवस्था जहां शून्यता की अनुभूति ही शेष है।

अनुभूति स्वयं ही अंतिम रुकावट है। प्रत्येक को उस बिंदु पर आना चाहिए जहां वह है, और वहां कोई अनुभूति नहीं है। अनुभूति ही नि:शेष हो गयी है। केवल जब अनुभूति ही मिट जाती है तब ही द्वैत का अंत होता है। जब तक कुछ अनुभूति कर रही हो, द्वैत वहां है। तुम हो इसलिए अनुभूति भी है। कुछ बाह्य विद्यमान है। यहां तक कि जब तुम संसार के साथ एकता की अनुभूति करती हो, तब भी यह द्वैत का अनुभव है।

इसलिए ध्यान की अवस्था में कोई अनुभूतियां नहीं होंगी। जब ध्यान फूल की तरह पूरी तरह खिलता है, अंतिम स्थिति में पहुंचता है, तब कोई भी अनुभूति नहीं होती। तुम मात्र होगी— और मात्र अस्तित्व होना अनुभूति है और कुछ नहीं—मात्र तुम्हारा अस्तित्व, मात्र तुम्हारी सत्ता। और जब कोई अनुभूति नहीं है तब अनुभव करने वाले का विस्फोट हो जाता है। क्योंकि यह तो अनुभूति के दूसरे ध्रुव पर ही घटित हो सकता है। जब विषय नहीं, तब विषयी भी मिट जाता है। अब न विषयी है, न विषय ही। मात्र तब ही अस्तित्व गत उपलब्ध होता है—तब ही तुम कह सकती हो कि ईश्वर है। अब तुम नहीं हो, और न अब संसार है, मात्र ईश्वर है। यह मात्र अस्तित्व, यह मात्र सत्ता ही ईश्वर है। इसलिए ये अनुभव आएंगे, ये अवश्य आएंगे।

तब केवल सत्ता के तल पर पहुंच गयीं और उसी क्षण तुम यह कह सकती हो कि ईश्वर है। तुम विद्यमान नहीं, न तो संसार है—ईश्वर ही है, इजनेस, निर्बाधरूप से सत्ता का होना ईश्वर का ही होना है। अतएव ये अनुभव आएंगे, ये अवश्य आएंगे।

**मा आनंद प्रेमी :** ओशो, मैं लंबे समय से यौगिक ध्यान के लिए श्रम करती हूं, किंतु अभी तक मुझे कोई स्पष्ट और मौलिक परिणाम दिखाई नहीं मिल रहा है। मेरे साथ गलती क्या है?

**ओशो :** बहुत-से कारण हो सकते हैं। विधि जिसका तुम प्रयोग करती हो, वह कहीं गलत है या जिस प्रकार विधि का प्रयोग किया जाता है

वह ग़लत है। या विधि गलत नहीं है, न ही जिस प्रकार प्रयोग में लायी जाती है, वह गलत है किंतु विधि के पीछे जो अचेतन कामना है, वह गलत हो । अचेतन का परिवर्तन होना चाहिए। यदि तुम बहुत वर्षों से इस विधि का प्रयोग करती हो और मात्र छिछले, ऊपरी परिणाम प्राप्त होते हों तो विधि बदल दो। बहुत विधियां हैं—किसी को केवल एक ही विधि नहीं पकड़ लेना चाहिए। हो सकता है विधिगलत न हो पर तुम्हारे लिए उपयुक्त न हो। विधि बिल्कुल सही हो, पर तुम्हारे लिए न हो। जहां तक तुम्हारा संबंध है, वह गलत हो सकती है।

इसलिए विधि बदल दो। बदलना हमेशा सहायक है। कभी-कभी कोई किसी एक विधि का आदी हो जाता है, तो अनुभूतियां साधारण ही होंगी। कभी-कभी हम एक ही विधि के लिए संस्कारित हो जाते हैं, आदती हो जाते हैं और तब सब नीरस हो जाता है। जहां कुछ नया नहीं है, वहां तुम मात्र आदतन दुहराती चली जाती हो। जब यह नित्यप्रति की आदत हो जाती है तब तुम कभी भी कुछ उपलब्ध न कर पाओगी। जब विधि नित्यप्रति की आदत हो जाती है तब कुछ भी महत्त्वपूर्ण उपलब्ध नहीं किया जा सकता। इसलिए जो मुझे कहना है वह यह है कि यदि इस विधि का तुम प्रयोग करो तो यह विधि स्वयं में ऐसी है कि यह कभी भी आदत नहीं बन सकती। यह इतनी अव्यवस्थित और अराजक है कि कभी भी तुम इसे आदत नहीं बना सकतीं। उन सभी विधियों में जिनमें अनुशासन है और जिनके पीछे व्यवस्थित पद्धतियां हैं, वे हमेशा आदत बन जाती हैं। तुम्हें अराजक विधि का प्रयोग करना चाहिए जिससे तुम कभी उसमें ठहर न सको, उसकी आदी न हो सको। वह हमेशा नयी रहती है, कुछ नवीन का उसमें नित्य सामना करना पड़ता है। इसलिए जिस विधि की मैं चर्चा कर रहा हूं, वह तुम्हें सहायक होगी। यह अराजकता विधि है। और आधुनिक मन के लिए अनुशासन-रहित विधि उपयोगी हो सकती है। आधुनिक

चित्त के लिए यह मौलिक रूप से ही अराजक है। यह मौलिक अंशों में ढांचे का ही परिवर्तन है।

पुराना मन अपरिवर्तनीय था, निश्चित मन था। व्यक्ति हमेशा ठहर जाता था। आज कुछ भी ठहरा हुआ नहीं है। दो शताब्दी पहले एक व्यक्ति ईसाई की तरह पैदा होता था और ईसाई की तरह ही मर जाता था। आज ऐसा नहीं है। एक व्यक्ति ईसाई की तरह पैदा हुआ हो, हिंदू हो सकता है। अब सब कुछ अराजक हो गया है। उसका बचपन का मन कुछ और होता है, उसका युवा मन कुछ और ही होता है। वह कम्युनिस्ट हो सकता है और किसी दिन ध्यान करने हिमालय भी आ सकता है। आज का चित्त एक ऐसा चित्त है जो स्थिर नहीं है। वह अराजक स्थिति में है। इसलिए वे सभी पुरानी विधियां, जो स्थिर मन वाले व्यक्तियों के लिए थीं, व्यर्थ हो गयी हैं। अराजक चित्त के लिए अराजक विधि ही चाहिए। केवल तब ही वह गहरे अनुभवों में ले जा सकती है। अन्यथा ऊपरी छिछले परिणाम निश्चित हैं। यदि एक बार भी यह स्थिर हो जाती है, तो हम उससे ऊबने लगेंगे। और यदि तुम उसे आगे किए चली जाती हो, तो वह आत्मघाती है। उसे आगे मत किए जाओ। विधि तुम्हारे लिए है। तुम विधि के लिए नहीं हो—बदलो उसे।

**मा आनंद प्रेमी :** ओशो, तो फिर मैं इस विधि का प्रयोग अपनी साधना के लिए करूं?

**ओशो :** हां, तुम इस विधि का ही प्रयोग करो, और श्वासोच्छ्वास के प्रति सजगता रखो। और फिर बहुत थोड़े समय में तुम्हें परिवर्तन की अनुभूति होगी। किंतु तुम्हें अराजक विधि की ही आवश्यकता है जो बाद में नित्यप्रति की आदत न बन जाए।

पांचवीं भेंट-वार्ता

# योग: स्वस्फूर्त घटना

**ओशो के साथ मा आनंद प्रेम, सहायक संचालक शिवानंद आश्रम; न्यूयार्क की बंबई में हुई एक अंग्रेजी भेंट वार्ता का अनुवाद। योग: "एज स्पॉन्टेनियस हैपेनिंग"—**

**मा आनंद प्रेम :** ओशो, मुझे पांच प्रश्न पूछने हैं ?

**ओशो :** ऐसा करें, आप सब प्रश्नों को एक साथ पढ़ दें, मैं एक साथ उनके उत्तर दे दूंगा।

**मा आनंद प्रेम :** 1 : क्या आप हमारे न्यूयार्क के साधकों के लिए अपने ध्यान की विधि के बारे में बतलाएंगे जो कुंडलिनी-जागरण और अवस्था प्राप्त करने में शीघ्र सफलता लाती है ? इसके एक माह, दो माह, या चार-छः माह के अभ्यास के क्या सामान्य परिणाम होंगे ? क्या इसके उत्तरोत्तर लाभ होते हैं ?

2 : क्या इस विधि के करते हुए अन्य योगाभ्यास जारी रखे जा सकते हैं ? या क्या यह अच्छा है कि ऐसे सारे अभ्यास जैसे, आसन, प्राणायाम, जप, क्रियायोग आदि बंद कर देने चाहिए ?

3 : क्या आप यह समझा सकेंगे कि दूसरे योगाभ्यास आसन, जप तथा विशेषत: क्रियायोग जो आसन, प्राणायाम, बंध और मुद्रा आदि का सम्मिश्रण है, व्यक्ति पर कहां तक प्रभाव डालते हैं ?

4 : जब हम लंबे समय के लिए ध्यान करते हों तो ये परंपरागत बैठक के आसन जैसे पद्मासन, अर्द्ध-पद्मासन आपकी ध्यान-पद्धति के लिए अनिवार्य हैं या नहीं ?

5 : कुंडलिनी योग की विधि से ध्यान करते हुए क्या कोई बिना मानसिक सीमाओं में से गुजरे आध्यात्मिक तत्त्वों को पहुंच सकता है या इसके पहले कि वह अतिक्रमण करे, उसे सारी मानसिक शक्तियों और अनुभवों में से गुजरना होगा ?

**ओशो :** मनुष्य का व्यक्तित्व न तो मात्र शरीरगत है और न केवल मनोगत है, वरन् वह एक साथ दोनों है। अच्छा होगा कि यह कहें कि वह साइकोसोमटिक मनोदैहिक है। दोनों के बीच कोई अंतराल नहीं है। इसलिए जो कुछ भी शरीर के तल पर होता है उसका कंपन, उसकी प्रतिक्रिया मानसिक तल पर भी होती है। और ऐसे ही ठीक इसका उल्टा भी होता है। परंतु दार्शनिकों की यह आदत हो गयी

है कि या तो वे मनुष्य को शरीर की तरह लेंगे या फिर मन की तरह, या फिर दोनों को समांतर, लेकिन एक नहीं। मेरे जानते, आधुनिक विज्ञान के अनुसार, वे एक ही हैं।

प्रकट मन ही शरीर है और प्रकट शरीर ही मन है। वे एक ही अस्तित्व के दो ध्रुव हैं। मन का अर्थ होता है ऐसा कुछ जो इंद्रियों के पार है; और इसलिए वह इंद्रियों की पकड़ के बाहर है। शरीर का अर्थ है ऐसा कुछ जो हमारी इंद्रियों की पकड़ में आता है। यह विभाजन भी इंद्रियों और उनकी सीमाओं के कारण है। वस्तुत: मनुष्य का अस्तित्व एक साथ दोनों है। दोनों एक साथ कहना भी पर्याप्त नहीं है। वह एक ही है। अंतर केवल कल्पनाओं का है, तरंगों का है। स्थूल कंपन शरीर पर होते हैं जो कि इंद्रियों के द्वारा प्राप्त किए जाते हैं और सूक्ष्म कंपन मनोगत होते हैं जो पार चले जाते हैं और इंद्रियों की सामर्थ्य का अतिक्रमण कर जाते हैं। यह सब मैं क्यों कर रहा हूं? एक सिद्धांत है, पश्चिमी मनोविज्ञान उससे पूर्ण परिचित है, वह जेम्स-लैंग सिद्धांत के नाम से प्रसिद्ध है। साधारण ज्ञान के अनुसार यह समझा जाता है कि शरीर मन का अनुकरण करता है। जब आप भय में होते हैं तो भागने लगते हैं। जब आप क्रोध में होते हैं तब आपका शरीर लड़ने की तैयारी करने लगता है।

परंतु, जेम्स और लैंग इन दो मनोवैज्ञानिकों ने बिल्कुल ही विरोधी मत प्रस्तुत किए हैं। उन्होंने कहा है कि यह भय के कारण नहीं है कि आप दौड़ते हैं कि बल्कि आपका दौड़ना ही भय पैदा करता है। उनके मतानुसार, यह क्रोध के कारण नहीं है कि लड़ने की भावभंगिमा पैदा होती है और शरीर लड़ने की स्थिति में आ जाता है, बल्कि ठीक इससे उल्टा होता है। जब आप लड़ने लगते हैं तब क्रोध का अनुभव करते हैं। शरीर पहले आता है और मन उसका अनुसरण करता है। और उनका तर्क था कि यदि कोई शारीरिक चिह्न प्रकट नहीं होते तो आप भयभीत नहीं हो सकते। आप

क्रोधित नहीं हो सकते। यदि शरीर क्रोधानुरूप स्थिति में न हो। इसलिए उन्होंने तर्क दिया कि यदि आप बिना शारीरिक प्रतिक्रिया के, क्रोधित हो सकें तो हम यह साबित कर सकते हैं कि क्रोध मानसिक बात है। क्रोध का पता लगाना असंभव है यदि आपकी आंखें लाल नहीं हैं और आपकी मुट्ठियां लड़ने को तन नहीं गई हैं। यद्यपि जेम्स-लैंग के सिद्धांत बहुत ठीक मालूम पड़ते हैं परंतु वे सही नहीं थे। शारीरिक प्रतिक्रियाएं होती हैं और बिना शारीरिक प्रतिक्रियाओं के मनोदशाएं अभिव्यक्त नहीं की जा सकतीं। परंतु इसका यह अर्थ नहीं होता कि मनोदशाएं बिना शारीरिक लक्षणों के हो ही नहीं सकतीं। वे हो सकती हैं, बिना अभिव्यक्ति के भी। जहां तक शरीर का संबंध है, कोई क्रोध के सारे लक्षण प्रकट कर सकता है और फिर भी क्रोधित न हो जैसे कि एक अभिनेता करता है। वह अभिनय कर रहा है। पूरी तरह अभिनय। क्रोध है, जहां तक शरीर का संबंध है, परंतु भीतर कोई क्रोध नहीं। वह प्रकट में प्रेम के सारे लक्षण दिखा सकता है, जबकि प्रेम बिल्कुल न हो। इसलिए शरीर बिना मन के महसूस किए भी मुद्राएं बना सकता है, लक्षण अभिव्यक्त कर सकता है। और इसी तरह मन भी, बिना शारीरिक मुद्राओं के बनाए, अनुभव कर सकता है। परंतु स्थूल हमारी पकड़ में है, जबकि सूक्ष्म नहीं। इसलिए जब भी हम क्रोध को देखते हैं शरीर के द्वारा ही देखते हैं, दूसरों का ही नहीं, अपना भी। यहां तक कि हम जान भी नहीं पाते, जब तक हमारा शरीर उसे व्यक्त न करे। यदि उसे व्यक्त किया जाए तो दूसरे भी उसे नहीं जान सकते। लेकिन यदि हम उसे नहीं भी जानते हों तो भी वह बीज रूप में होता है। तब वह अपनी संभाव्यता में होता है। यहां तक कि हम भी उसका पता नहीं लगा पाते जब तक कि वह स्थूल तल तक न आए।

यह जेम्स-लैंग का सिद्धांत पचास प्रतिशत सही है। साधारण ज्ञान हमेशा पचास प्रतिशत तक ही सही होता है। परंतु जो कुछ भी जेम्स-लैंग ने जाना और प्रचार किया वह योग को शताब्दियों से

विदित है। इसलिए, आसन और मुद्राएं बढ़ीं। इसी धारणा के कारण जिसकी जेम्स और लैंग बात करते हैं, योग बहुत पहले इस निष्कर्ष पर पहुंचा था कि हर मानसिक क्रिया के अनुरूप शारीरिक स्थिति भी है। जब प्रेम होता है तो शरीर में भी परिवर्तन होता है। जब आप प्रेम में होते हैं तो आपके मुख की मुद्रा बदल जाती है। जब आप चुप मौन और शांत होते हैं तब आपका शरीर एक विशेष आसन और स्थिति में हो जाता है। जब आप क्रोधित होते हैं, तब आपका शरीर एक दूसरी स्थिति में होता है और इन शारीरिक स्थितियों का आंतरिक मन से कुछ संबंध है। आंतरिक मन की अवस्था में हुए परिवर्तन के अनुरूप शरीर आसन, मुद्राएं, अभिव्यक्तियां बनाता है और रूपांतरित होता है। इसी तरह, योग ने बताया कि इससे उल्टा भी संभव है। यदि शरीर एक विशेष आसन या स्थिति लेता है तो उसके सदृशय मनोदशा भी भीतर अवश्य उत्पन्न होनी चाहिए। परंतु यह भी जेम्स-लैंग की तरह गलत है। आप मात्र अभिनय कर रहे हो सकते हैं। कोई व्यक्ति बुद्ध के आसन में बैठ सकता है। इसका यह अर्थ नहीं होता कि उसके भीतर आंतरिक शांति भी उत्पन्न हो गयी है। वह मात्र अभिनय है। जब कोई सचमुच बुद्ध की मन:स्थिति को उपलब्ध होगा तो शरीर अपने से ही बुद्ध का आसन ग्रहण करेगा। इसलिए जहां तक मेरा संबंध है, मैं इन सब आसनों के विरुद्ध हूं। उन्हें अपने से आना चाहिए। आपको उन्हें नहीं करना चाहिए। क्योंकि यदि आप उन्हें करते हैं तो इसकी कोई गारंटी नहीं है कि उनके सदृशय आंतरिक मन:स्थिति भी आएगी ही। वह एक अभिनय की भावदशा हो जाती है और वह हमारे लिए सरल है। आपका शरीर बुद्ध की स्थिति में बैठ सकता है या महावीर की भांति खड़ा हो सकता है। इसमें कोई कठिनाई नहीं है। परंतु ये स्थितियां क्यों आईं?

वही कारण है। क्योंकि जब कभी बुद्ध की मन:स्थिति होगी तो शरीर को एक विशेष आसन लेना होगा। शरीर को अनुकरण

करना ही चाहिए और उसे करना ही होगा। ऐसा शताब्दियों से विदित है कि विशेष मन:स्थिति के सदृश विशेष भावभंगिमाएं भी हैं। इसलिए ऐसा अनुमान किया गया कि यदि हम इन भाव-भंगिमाओं को शरीर पर ला सकें तो उनके सदृश मन: स्थितियां भी अवश्य आएंगी।

ऐसा हमेशा सही नहीं होता, और न ही यह अनिवार्य है। बल्कि यह एक बड़ा खतरनाक अनुमान है। आप अभिनय करते जाएं और अपने को मूर्ख बनाते जाएं। और ऐसा नहीं है कि इससे दूसरे ही धोखे में आएंगे बल्कि आप स्वयं भी धोखा खा जाएंगे। वही बड़ा खतरा है। यदि आप बुद्ध के आसन में बैठेंगे तो आप शांति अनुभव करेंगे, क्योंकि आप स्वयं शांति का अनुभव नहीं कर सकते जब तक कि शरीर उसे व्यक्त न करे। और जब आपका शरीर उसे अभिव्यक्त करेगा तो आप कल्पना करेंगे कि अब शांति उपलब्ध हो गई है। आप एक स्थिरता, शांति का अनुभव करेंगे। लेकिन यह स्थिरता, यह शांति आपके शरीर के आसन का धोखा-मात्र है। यह शांति आप तक आई नहीं है। यह भीतर से नहीं आई है। बल्कि बाहर से आई है। आपने उसे अपने ऊपर आरोपित किया है। वह बहुत अच्छी लगेगी; परंतु यह शांति निर्मित की हुई है, संस्कारित की हुई है, पैदा की हुई है, शरीर-द्वारा शरीर में प्रक्षेपित की गई है।

हम जीवन-भर यही कर रहे हैं। ये सब बातें हमारे-द्वारा नित्य-प्रति होती रहती हैं। आप मात्र मुस्कराएं, बिना भावना के। यह मात्र भाव-मुद्रा है। परंतु जब आप मुस्कुराते हैं, भावना आती है। यह भावना, बहुत झूठी भावना है। इससे दूसरे ही नहीं आप स्वयं भी धोखे में आ जाते हैं। बिना प्रेम की भावना के आप प्रेम प्रदर्शित कर सकते हैं और दूसरों को धोखा हो जाएगा। परंतु इसकी भी पूरी संभावना है कि यह मात्र भाव-भंगिमा न रहे और आप स्वयं धोखे में होकर ऐसा सोचने लगें कि आप भी प्रेम कर रहे हैं। और

इस तरह एक सच्चा, एक अपूर्व प्रेम जो एक उत्क्रांति है, जो एक अभिनव मृत्यु है, एक समग्र रूपांतरण है, इस पूर्ति के कारण कभी संभव न हो सकेगा।

इसलिए मैं, आसन और मुद्राओं के बिल्कुल विरुद्ध हूं। उनका अभ्यास नहीं करना चाहिए। वे आते हैं—यह ठीक है। वे आएंगे। परंतु उन्हें स्वतः आने दें। तब वे महत्त्वपूर्ण संकेत होंगे। तब वे धोखा न देंगे। वरन् सीमा संकेत बनेंगे। तब वे आपके लिए भी और दूसरों के लिए भी संकेत होंगे, लक्षण होंगे। परंतु उन्हें अंतस् से आने दें, उन्हें बाहर आरोपित न करें। अन्यथा हो सकता है कि वे बिल्कुल वैसे ही न हों जैसे होने चाहिए या जैसी जरूरत है आपको अपनी व्यक्तिगत स्थिति में, क्योंकि वे सब सामान्यकृत आसन हैं।

यदि आप बुद्धत्व की स्थिति को उपलब्ध होते हैं तो एक विशेष आसन और भाव-भंगिमा भी उसके पीछे आएगी। परंतु वह कदापि बिल्कुल ठीक गौतम बुद्ध के आसन जैसी नहीं होगी। वह कभी भी ठीक वैसी ही नहीं होगी। कुछ अवश्य ही भिन्न होगी। यह कहा जा सकता है सामान्य रूप से कि वह समान ढंग की होगी। आप गौतम बुद्ध जैसे नहीं हैं। आपका पूरा व्यक्तित्व, आपके पूरे मन और शरीर की यंत्र-रचना भिन्न है। वह कदापि एक संपन्न नहीं हो सकती। हां, वह समान होगी केवल सामान्य रूप से। परंतु यदि आप अपने ऊपर उसे लादें तो वह बिल्कुल बुद्ध-जैसी होगी, लेकिन वह आपकी व्यक्ति-स्थिति के अनुरूप नहीं होगी। इस तरह बहुत-से आसन हैं। पर वे सभी प्रत्येक को नहीं आएंगे।

महावीर समाधि को एक बहुत ही भिन्न स्थिति में उपलब्ध हुए। वे उसे गोदुहासन कहते हैं—बिल्कुल वैसे ही जैसे कि एक ग्वालिन दूध दुहते समय बैठती है। महावीर उसी तरह बैठते थे। कभी भी कोई इस स्थिति में समाधि को उपलब्ध नहीं हुआ। इस प्रकार कोई

भी नहीं बैठता । परंतु आप चाहें तो इस तरह बैठ सकते हैं, अभ्यास करने । फिर महावीर इस प्रकार क्यों बैठे थे ? वे कोई अभ्यास नहीं कर रहे थे ? वे बैठे नहीं, बल्कि वह स्थिति अपने से आई । भीतर अंतस् में कुछ घटित हुआ और उसके अनुरूप शरीर ने विशेष स्थिति ले ली—हालांकि एक बड़ी ही अजीब स्थिति । समाधि में कुछ भी बुद्धि-शून्य या तर्कहीन नहीं है ।

बुद्ध का आसन बिल्कुल ठीक था । परंतु महावीर का आसन बड़ा अजीब था । यदि वे आसन का अभ्यास कर रहे होते तो वे भी बुद्ध की तरह बैठे हुए होते, क्योंकि वह ध्यान का परंपरागत और प्रचलित आसन था । परंतु वे कोई आसन का अभ्यास नहीं कर रहे थे । वे तो 'बस हो जाने दो' की मनःस्थिति में थे । समाधि घटित हुई और उसने आसन ग्रहण किया—जैसा कि महावीर के व्यक्तित्व और शरीर के अनुसार आवश्यक था । इसलिए प्रत्येक को व्यक्तिगत अभिव्यक्ति आवश्यक होगी, और न कोई किसी अन्य की तरह है और न हो सकेगा । प्रत्येक व्यक्ति इतना प्रामाणिक और अपूर्व है कि जो कुछ भी उसमें खिलेगा बिल्कुल मौलिक तथा अद्भुत होगा । परंतु यदि आप उसे बाहर से आरोपित करेंगे, तो फिर वह सामान्य मान्यता के अनुरूप होगी । वह आपकी स्थिति के अनुकूल या संगति पूर्ण नहीं होगी । वह कभी भी नहीं हो सकती ।

जब मैं कहता हूं कि मैं आसनों के खिलाफ हूं तो मैं यह नहीं कह रहा हूं कि वे अकारण हैं । मैं यह भी नहीं कह रहा हूं कि वे निरर्थक हैं । मैं जो कह रहा हूं वह यह है कि उनका अभ्यास निरर्थक है । उन्हें आने दें और जब वे स्वतः आएं तो फिर उनका अपना कारण है । वे आपके शरीर के भीतर काम करते हैं और आपका शरीर उनके द्वारा नयी स्थिति के अनुकूल संगति लेता है ।

आप शीर्षासन की स्थिति में खड़े रहते हुए सो नहीं सकते । आप ऐसा नहीं कर सकते क्योंकि नींद शरीर की एक खास स्थिति

चाहती है। यदि आप लेट जाएं तो जरूरी नहीं कि नींद आए ही। परंतु जब नींद आती है तब आप लेट ही जाएंगे। यह वैसा ही है। जो कुछ मैं कह रहा हूं या यह निष्कर्ष हम ले सकते हैं कि आप आरंभ बाहर से न करें। आरंभ भीतर से ही हो। फूल तो बाहर ही खिलेंगे परंतु जड़ें तो आपके अस्तित्व के भीतरी छोर से ही आरंभ होनी चाहिए, अंतर्मन से ही आरंभ होनी चाहिए। इसलिए आपको ध्यान से प्रारंभ करना चाहिए और शेष सबको आने दें। इस तरह जब भी जिस आसन की आवश्यकता होगी, वह स्वत: आएगा। और जब आवश्यकता पूरी हो जाएगी तो वह स्वत: चला जाएगा।

**मां आनंद प्रेम :** कभी-कभी जब मैं आपकी बताई विधि से ध्यान करती हूं तो द्वितीय चरण में मैं कुछ आसन करने लगती हूं। परंतु मैं नहीं कह सकती कि मेरे मन में क्या हो रहा है जिसके कारण मैं उन्हें कर रही हूं। मैं नहीं जानती कि मैं केवल अभिनय कर रही हूं या वे स्वत: हो रहे हैं। मैं निश्चित नहीं हूं कि मैं उनमें भेद का अनुभव कर सकती हूं।

**ओशो :** उनके भेद के बारे में कुछ न सोचें। उन्हें होने दें। जब ध्यान में स्वत: आएं तो उन्हें आने दें। वे आएंगे और स्वत: चले जाएंगे। परंतु यदि वे आपके अभ्यास के कारण आ रहे हैं तो वे कभी नहीं जाएंगे। जब उनकी जरूरत नहीं रहेगी, जब आवश्यकता पूरी हो जाएगी, वे स्वत: समाप्त हो जाएंगे। इसलिए सोचें नहीं। आप पहले से नहीं जान सकतीं जब उनकी आवश्यकता पूरी हो जाएगी, वे स्वत: चले जाएंगे। अभ्यास करते समय आप नहीं जान पाएंगे। परंतु धीरे-धीरे भेद का अनुभव होने लगेगा।

जब आप कोई विशेष आसन का अभ्यास करती हैं तो वह एक अलग बात है। और जब वे स्वत: आते हैं तब वह बिल्कुल अलग बात है। अंतर बहुत सूक्ष्म है। परंतु वह पूरी तरह है। जब आप करते हैं तब वह एक अनुशासनात्मक कार्य होगा। तब वह एक साधारण घटनाक्रम के अनुसार होगा। परंतु जब वह स्वयं होगा तो

वह अराजकतापूर्ण होगा। उसमें कोई अनुशासन नहीं होगा। उसमें कोई नियमबद्धता नहीं होगी। वह एक अराजकतापूर्ण कृत्य होगा। और जब वह अराजकतापूर्ण होता है तभी वह सहायक सिद्ध होता है। जब वह अनुशासनबद्ध होता है, तब नहीं होता; क्योंकि अनुशासनबद्ध कृत्य सदैव चेतन मन से होता है, वह कभी गहरे नहीं जाता।

जब वह अराजकतापूर्ण होता है, वह गहरा होता है, वह गहरे जाता है क्योंकि अचेतन मन एक विप्लव है— एक महान् विप्लव। वह इस सृष्टि की उत्पत्ति की तरह है। अचेतन में हर वस्तु अपनी प्रारंभिक स्थिति में है। वह अपना रूप, अपना आकार ले सकती है पर अभी तक उसने ली नहीं है। वह सब धुआंपूर्ण है, धुंधला है। यदि आप कुछ पूर्व निर्मित ढांचा उस पर थोपेंगे तो आप कुछ भी उपलब्ध न कर पाएंगे। आप सिर्फ अपने चेतन मन के चारों ओर चक्कर लगाते रहेंगे क्योंकि केवल चेतन मन ही अनुशासन में ढाला जा सकता है। अचेतन कभी भी अनुशासन में नहीं बांधा जा सकता। अचेतन ही जड़ है। अचेतन ही उद्‌गम है।

ध्यान का अर्थ है अचेतन में उतरना, उसमें डुबकी लगाना, उसमें ही होना। यह है विप्लव के साथ विप्लवकारी हो जाना। यह है अमूर्त के साथ अमूर्त हो जाना। यह है स्वयं को अनजान उन्मुक्त बादलों में छोड़ देना; स्वयं को निस्सीम प्रदेशों में, अज्ञात सागर में छोड़ देना। इसलिए आप कभी भी अनुशासन में बंधे मन से न जाएं, वरना आप कभी भी न जा पाएंगे, आप मात्र चेतन मन में चक्कर लगाते रहेंगे। आप उसे ही दोहराते रहेंगे। वह आदत बन जाती है। और आप सिर्फ अपने चेतन मन के अनुरूप हो जाते हैं। इसलिए अनुशासन में रहनेवाला मन सदैव तुच्छ होता है। वह कभी विप्लव का स्वागत नहीं करता। वह कभी सीमा के बाहर नहीं जाता। वह कभी ऐसा नहीं जो अतिक्रमण करे। वह असीम से संबंधित नहीं। वह हमेशा ही बड़ा तुच्छ मन होता है।

अनुशासित मन कितना भी महान् क्यों न हो, वह सदैव ही एक बहुत तुच्छ मन होता है।

वह गांधी जैसा महान् व्यक्ति हो सकता है। वह एक महान् आदमी हो सकता है, परंतु उसका मन बहुत छोटा है क्योंकि उसका सारा संबंध चेतन मन और अनुशासन से है। वह कभी अनुशासन से विरुद्ध न जाएंगे। वह कभी उसे न छुएगा। इसलिए यह आपके बंगले के बाहर की बगिया के समान है। वह कभी भी एक जंगल की तरह नहीं। और अचेतन सदैव ही एक घने जंगल की तरह है, जिसकी कोई सीमा नहीं है। आप उन सीमाओं को कभी नहीं जान पाएंगे। वहां खो जाने की पूरी संभावना है। निस्सीम में खतरे की संभावना होती है। सीमा में, जहां सब कुछ छोटा है, कुछ भी खतरा नहीं होता—खो जाने की कोई संभावना नहीं।

इसलिए न अपने शरीर को अनुशासित करें और न ही मन को किसी अनुशासन में ढालें। अनुशासन-रहित होकर जीएं; विप्लव में जीएं खतरे में जीएं। यही मेरे लिए ध्यान का अर्थ है—असुरक्षा में जीना, विप्लव में जीना, असीम में जीना।

इसका यह अर्थ नहीं होता कि अनुशासन आप में नहीं आएगा। वह आएगा परंतु वह स्वतंत्रता की भांति आएगा। वह अनुशासन अंतस् से आएगा। एक जीवंत अनुशासन सदैव निस्सीम को छूता हुआ, हमेशा संभाव्यताओं में विप्लवी, हमेशा विस्फोट की स्थिति में, हमेशा अज्ञात में। तब वह प्रतिक्षण अनुशासन में होगा। वह बाहर से बड़ा असंगतिपूर्ण लगेगा, परंतु उसकी अपनी संगति होगी—संपूर्ण में व्याप्त एक आंतरिक संगति।

परंतु यदि आप अपने को बाहर से अनुशासित करते हैं तो पूरी संभावना है कि आप कभी भी अचेतन को न जान पाएंगे। और चेतन मन कोई मन नहीं है। चेतन मन जीवन नहीं है— वह मात्र एक यंत्र है। वह आप बिल्कुल नहीं हैं। वह मात्र उपयोगिता के लिए यंत्र है जो समाज के कारण विकसित हुआ है। चूंकि हमें

दूसरों के साथ रहना है हमें एक अनुशासन की आवश्यकता है, हमें एक विशेष चरित्र की आवश्यकता है, हमें कुछ विशेष चीजों की आवश्यकता है जिनकी हमें जानकारी हो और जिन पर भरोसा किया जा सके। इसलिए चेतन मन आपके और दूसरों के बीच मात्र एक संबंध है। वह केवल आपके और उन सबके बीच एक सेतु है जिनसे आपका संबंध है। परंतु वह कभी भी आपसे संबंधित नहीं है।

मुझे एक कहानी याद आती है: राजा अशोक ने अपने पुत्र को बुद्ध का संदेश लेकर लंका भेजा। वह वहां के राजा से मिला और उसने राजा से कुछ प्रश्न पूछे। पहला ही प्रश्न था—'दुनिया में कुछ लोग ऐसे हैं जिनसे आप संबंधित हैं और कुछ लोग ऐसे हैं जिनसे आप संबंधित नहीं हैं। ये दो वर्ग हुए। क्या कोई बचा जो इन दो वर्गों में नहीं आया?' राजा ने कहा—'मैं बच गया'।

अशोक के पुत्र ने कहा—'अब आपको संदेश दिया जा सकता है। आप विद्वान् व्यक्ति हैं। आपको कुछ कहा जा सकता है। यह प्रश्न मैंने यह जानने के लिए पूछा कि क्या पीछे कुछ शेष बचा या संबंधित और असंबंधित इन दो वर्गों में सब समाप्त हो गए?'

यह तीसरा जो न तो तुमसे संबंधित है और न असंबंधित, यही आपके अस्तित्व का अचेतन मन है। यह तीसरा ही ध्यान का क्षेत्र है। चेतन मन कभी भी सहायक नहीं हो सकता। वह वहीं तक सहायक होता है जहां तक आप संसार से संबंधित या असंबंधित होते हैं। जहां तक आपका स्वयं से संबंध है वह कभी भी सहायक नहीं हो सकता। ध्यान का अर्थ मन से कुछ कार्यान्वित करना नहीं, वरन् इसका अर्थ है स्वयं में प्रयास रहित छलांग। आप अनुशासन के लिए एक-एक कदम उठा सकते हैं। परंतु आप कभी भी छलांग को अनुशासित नहीं कर सकते। मेरे लिए वास्तविक ध्यान का अर्थ है छलांग। ध्यान की विधि के तीन चरण, जिनका उपयोग किया जाता है, जिसकी मैं चर्चा कर रहा हूं। वे ध्यान के लिए चरण

नहीं हैं, बल्कि वे सिर्फ छलांग के लिए चरण हैं।

ध्यान स्वयं अपने में एक जम्प है, एक छलांग है, अज्ञात में एक छलांग। इसलिए अपने शरीर को शासित न करें, उसे छलांग लगाने दें। सब अपने से होगा। आसन भी होंगे। परंतु वे ही जिनकी तुम्हें आवश्यकता है। नए आसन भी आ सकते हैं जो सामान्यत: प्रदर्शित नहीं किए जाते जिनका अब तक वर्णन नहीं किया गया; क्योंकि संभावनाएं अनंत हैं। और जो भी वर्णित आसन हैं वे सब साधारणत: जाने गए आसनों के सामान्य रूप हैं।

मुद्राएं अनंत हैं, वे भी आएंगी। यह भी तो हो सकता है कि आप उन्हें कोई नाम भी न दे पाएं। वे अनंत हैं। इसलिए, उन्हें आने दें और जाने दें। उनका अभ्यास न करें। और जब वह स्वत: आएं, उनको पकड़ें नहीं। उन्हें अपने से आने दें और उन्हें अपने से जाने दें। आप उनसे किसी भी भांति संबंधित न हों। मेरा यही अभिप्राय है जब मैं कहता हूं कि मैं आसनों के विरुद्ध हूं। उनसे किसी भी भांति संबंधित न हों। एक बात और, आसन की रेचक औषधि की तरह उपयोगिता है। साधारणत: हमारा मन किसी स्थिति में या फिर किसी से संबंधित होकर कार्य करता है। इसका यह अर्थ हुआ कि हमारा मन सिर्फ प्रतिक्रिया करता है, वह कभी क्रिया नहीं करता। हम किसी वस्तु से प्रतिक्रिया ही करते हैं। और यदि कोई व्यक्ति कुछ क्रिया करने लगे तो हम उसे पागलखाने भेज देते हैं। क्योंकि वह बहुत अजीब मूर्खतापूर्ण दिखता है। यदि वह कुछ क्रिया करने लगता है तो उसका अर्थ होता है कि वह किसी परिस्थिति के कारण नहीं कर रहा है, बल्कि अंतस् से कर रहा है।

इतना कुछ हमारे भीतर दबा पड़ा है क्योंकि हम कुछ कर नहीं सकते। हमें हमेशा प्रतिक्रिया ही करनी पड़ती है और प्रतिक्रिया करने के ठीक स्थिति की प्रतीक्षा करनी पड़ती है। यदि आप क्रोधित हैं तो आप तुरंत क्रोध नहीं कर सकते, आपको उसके उठने

के लिए ठीक स्थिति की प्रतीक्षा करनी पड़ेगी। किसी को ऐसी स्थिति उत्पन्न कर देनी चाहिए जिसमें आप प्रतिक्रिया कर सकें। यदि आप अकारण क्रोध करते हैं तो लोग आपको पागल कहेंगे। ऐसे भी जब आप प्रतिक्रिया कर रहे हैं तब भी आप पागल तो हैं ही, परंतु उस समय आप अपने को न्यायोचित समझ सकते हैं और दूसरों को भी समझा सकते हैं। परंतु, यदि आपकी क्रिया प्रतिक्रिया नहीं है तो फिर आप कभी भी न्यायसंगत नहीं हो सकते।

बहुत कुछ अभिव्यक्त करना आवश्यक होता है, पर कभी व्यक्त नहीं किया जाता, क्योंकि ऐसा कोई मौका नहीं आता कि उसे व्यक्त किया जा सके। इसलिए आप दमन करते जाते हैं और लड़ते जाते हैं। आप हवा में प्यार व्यक्त नहीं कर सकते और इसलिए वह प्रेम दमित किया जाएगा। फिर एक दूसरा चमत्कार सामने आता है आप प्रेम से भर गए हैं परंतु आप उसे व्यक्त नहीं कर सकते (क्योंकि आप हवा में प्रेम प्रदर्शित नहीं कर सकते); और तब कोई आता है जिसे आप प्रेम कर सकते हैं। पर आपको उसके प्रति प्रेम नहीं। और तब आप अभिनय करने लगते हैं। इस प्रकार वास्तविक का दमन होता है, और अवास्तविक का अभिनय होता है। फलत: सारा जीवन अस्त-व्यस्त हो जाता है।

ध्यान के लिए रेचक-क्रिया (दमित प्रभावों का बहिर्गमन) दो कारणों से आवश्यक है:

1. आपकी दमित भावनाएं, मनोदशाएं, वृत्तियां, कृत्य, मुद्राएं, आपके सब दमित कंपन बाहर निकलने चाहिए—प्रतिक्रिया की तरह नहीं, बल्कि स्वचालित, स्वस्फूर्त क्रिया की तरह। किसी से संबंधित होकर नहीं, वरन् मात्र अतिरेक बहाव की तरह। किसी के लिए नहीं—किसी को संबोधित करती हुई नहीं। वे बिल्कुल असंबोधित होती हैं। आप चिल्लाने लगते हैं, आप जोर से हंसने लगते हैं। जब अभिव्यक्ति असंबोधित हो, तभी पूर्ण हो सकती है।

आपको उसके लिए किसी औचित्य की आवश्यकता नहीं। वह स्वयं अपने में पूर्ण न्यायसंगत है। और वह समग्र हो सकता है। वह किसी से भी संबंधित नहीं। इसलिए जब आप उसे व्यक्त कर रहे होते हैं, तब आप उसे उसकी समग्रता में व्यक्त कर सकते हैं। उसे दबाने की कोई आवश्यकता नहीं। अब आप आसमान से बातें कर रहे हैं, अब आप हवा को प्रेम कर रहे हैं; अब आप देवताओं पर क्रोधित हैं—बिना संबंध के, बिना किसी संबोधन के। तब आप समग्ररूपेण अभिव्यक्त होते हैं और दमित मन जाता रहता है। यही कैथारसिस है— रेचन-क्रिया है। आपको बिना किसी स्थिति के अभिव्यक्ति की आवश्यकता है। मनुष्य का मन इतना दमित है कि यदि हम उसे केवल परिस्थितिगत होकर ही व्यक्त करते रहें तो हम कभी भी उससे मुक्त न हो सकेंगे।

अब दूसरी बात। आप अब क्रिया बंद कर देंगे, क्योंकि क्रिया मात्र उसकी पूर्ति के लिए की जाती है। वह केवल दमन का ही अभिन्न अंग है। आपकी परिस्थितियों और आवश्यकताओं में सामंजस्य नहीं होता। जब जरूरत होती है तो परिस्थितियां हमारे अनुकूल नहीं होतीं और जब वे अनुकूल होती हैं, तब आपकी आवश्यकता जा चुकी होती है और इसलिए आप कुछ करते हैं।

ध्यान में, जब रेचन-क्रिया होती है तब आप अपने भीतर एक नया जीवन उदय होते अनुभव करेंगे। तब आप कभी भी क्रिया करने में समर्थ न हो सकेंगे।

अब आप में इतना साहस होगा कि आप अकारण ही हंस सकें, अकारण ही क्रोध कर सकें, बिना किसी व्यक्ति के, बिना किसी परिस्थिति के। और अब दूसरा साहस भी आएगा। आपमें इतना साहस उदित होगा कि आप कोई क्रिया न करें। और यह साहस का एक बड़ा भारी लक्षण है, प्रतीक है—कोई क्रिया न करना। आपका व्यक्तित्व सच्चा और प्रामाणिक होने लगता है। तभी केवल सच्चाई, प्रामाणिकता आप तक आती है।

इसलिए आसन, मुद्राएं—ये सारी रेचन-क्रियाएं, अभिव्यक्तियां, अतिरेक का बहाव हैं। और जितनी ज्यादा ये बाहर निकलती हैं उतना ही अधिक आप भारहीनता का अनुभव करते हैं। और तब एक दिन आता है कि आप बिल्कुल निर्भार हो जाते हैं। एक क्षण ऐसा आता है जब आप बिल्कुल निर्भार, गुरुत्वाकर्षण से मुक्त हो गए हैं। इस निर्भार स्थिति में ही अकेले के अकेले के लिए उड़ान होती है। परंतु यदि आप आसनों का अभ्यास करते हैं, तो कोई रेचन-क्रिया न होगी, बल्कि सिर्फ दमन होगा। यही आधारभूत अंतर है। यदि आप आसनों का अभ्यास करते हैं तो वे दमन करने वाले होंगे। यदि वे स्वत: आते हैं तो वे फिर अभिव्यक्तिगत होंगे। यदि वे स्वत: आप तक आते हैं तो रेचन-क्रिया स्वत: होगी।

यदि आप आसन आदि को अपने ऊपर आरोपित करते हैं तो वह भी आपकी समस्त दमित व्यवस्था का ही अभिन्न अंग होगा। आप आसन आरोपित करते हैं और आपका मत उसके लिए तैयार नहीं है। आप अपने शरीर को जबरदस्ती एक विशेष स्थिति में रखते हैं और उसे आपकी इच्छानुसार करना पड़ता है। इस तरह की कसरत यदि बौद्धिक परिणामों के कारण की जाए तो व्यक्तित्व का खंडन होना प्रारंभ हो जाएगा। वह विक्षिप्त हो जाएगा। यदि आप अपने ऊपर उन चीजों को थोपते जाएंगे जिन्हें आपका आंतरिक मन नहीं चाहता, तो आप दो में बंट जाएंगे; एक, जो दमित किया गया है और दूसरा वह जो दमन कर रहा है। और मेरे लिए योग का अर्थ है एक होना, न कि दो होना। वह है अखंडता, न कि खंडित होना। इसलिए आसन को मैं 'योगासन' तब कहता हूं जब वे स्वत:स्फूर्त हों। यदि वे बाहर से आरोपित किए गए हैं तो उनका योग से कोई संबंध नहीं है। इसलिए मैंने योग शब्द का ही उपयोग नहीं किया बल्कि साथ में आसन का भी उपयोग किया है।

मेरे लिए, योगासन का अर्थ है वह आसन जो आप पर प्रकट होता

है, जो आप पर घटित होता है, वही है अन्यथा नहीं । अन्यथा वह आसन मात्र शारीरिक व्यायाम की तरह है । कोई भी आरोपण शारीरिक अनुशासन ही है । वह स्वास्थ्यवर्धक सिद्ध हो सकता है । पर आध्यात्मिक कभी नहीं हो सकता । वह कभी अखंड सिद्ध नहीं हो सकता । ऐसा स्वास्थ्य बड़ी ऊंची कीमत पर प्राप्त किया हुआ होगा क्योंकि आपका व्यक्तित्व दो में विभाजित हो जाएगा । और आप बजाय आध्यात्मिक होने के अधिक अनाध्यात्मिक हो जाएंगे ।

इसलिए जो लोग भी आसन करते हैं उनके अनुभवों का सारा ढांचा दिन प्रतिदिन आध्यात्मिक कम और शारीरिक अधिक होता जाता है । यह एक बड़ी भारी आश्चर्यजनक घटना है । ये सारे आसन, ध्यान-उदित दिखलाई पड़ते हैं । उन्हें होना ही चाहिए । अभी सारे विश्व में जहां कहीं भी आसनों की चर्चा की जाती है; वहां ध्यान कम-से-कम चर्चित विषय है । उन्होंने ध्यान को आसन में बदल दिया है । इसलिए वे आपको आसन सिखाएंगे और ध्यान भी । उनके लिए ध्यान केवल एक आसन है । वह आसन बिल्कुल नहीं है । ध्यान तो भूमि है, वह तो आधार है, वह तो बीज है । हर वस्तु ध्यान उदित ही होनी चाहिए । पर तब, सब कुछ उलट-पुलट हो जाता है । मेरे लिए ध्यान सबसे पहले है, बाकी सब उसके पीछे-पीछे आता है ।

**मा आनंद प्रेम :** आपकी विधि से ध्यान करने के बाद क्या कोई उत्तरोत्तर गहरे ध्यान में जा सकेगा ?

**ओशो :** जैसे-जैसे समय बीतेगा आप गहराई का अनुभव करने लगेंगी, गहरे, और जाते जाएं जैसे कोई कुआं खोदता है । वह खोदता ही चला जाता है उन्हीं औजारों से, उसी गति से, उसी विधि से । धीरे-धीरे सारी मिट्टी अलग करते जाते हैं और कुआं गहरा, और गहरा होता चला जाता है—तब एक क्षण वह आता है कि पानी ही पानी फूट पड़ता है ।

वे ध्यान में वहीं हैं, उसी अनंत जल में केवल जमीन की परतों को ही पूरी तरह हटाना है। आप इसी विधि से करते चली जाएं—इन्हीं औजारों से, इसी ढंग से खोदती जाएं। आप किसी बात की फिक्र न करें, किसी परिवर्तन की चिंता न करें। जमीन की पूरी परत एक-सी है, आपको सिर्फ उसे पूर्णतया हटाना है।

जल वहां है—गहरे अचेतन का जल। वह गहरा अचेतन आपकी प्रतीक्षा कर रहा है। आपके और उसके बीच जमीन की बड़ी भारी परतें हैं; दमित कंपनों की, दमित विचारों की बड़ी भारी परतें। बड़ी भारी परतें जो आपने स्वयं निर्मित की हैं असुरक्षा और अचेतन के हमलों के विरुद्ध एक बाधा की तरह। आपने ही यह बाधा खड़ी की है।

इसलिए आप खोदते ही चले जाएं। समय के बीतने के साथ हो सकता है कि आप अनुभव करें कि आप आगे नहीं बढ़ रहे हैं। आप एक बिंदु तक अनुभव नहीं करेंगे। क्योंकि आप तभी अनुभव करते हैं जब पानी आ गया हो और आप कूद गए हों। जब आंतरिक स्रोत फूट पड़े हों, तभी आप अनुभव कर सकते हैं, अन्यथा आप अभी भी सूखी जमीन ही खोदते जाएंगे। परंतु यह वही जमीन नहीं होगी क्योंकि जो कुछ भी आपने खोद लिया वह पहले ही बाहर फेंका जा चुका है और अब वह वहां नहीं है। फिर भी अभी बहुत जमीन बाकी है। जो खोदनी है। यह खोदना केवल आपसे और आपके ध्यान से जुड़ा है। यह उस विस्फोट से नहीं जुड़ा है। विस्फोट तो शिखर पर होता है। वह एक मिनट में होता है। वह आपके भीतर फूटता है और आप उसके साथ फूटते हैं। वह एक ऐसी घटना है जो समय के बाहर है। इसलिए खोदते ही चले जाएं।

यह कार्य बड़ा उबाने और थकाने वाला होगा। जब हर कदम पर कुछ प्राप्त कर लेने को हो तो कार्य थकाने वाला नहीं होता। आपको उसके परिणाम मिल रहे हैं और आपकी आकांक्षा आपको

और पाने के लिए उत्साहित करती जाती है। परंतु ध्यान में एक बिंदु तक सब कुछ बड़ा उबानेवाला होता है। एक बिंदु तक सब कुछ बड़ा थकानेवाला होता है। ऐसा लगता है कि पुनरुक्ति हो रही है, यद्यपि बात ऐसी नहीं है। आप हर क्षण गहरे और गहरे जा रहे हैं।

परंतु, आप कभी नहीं जान सकते कि आप गहराई को पहुंच गए, जब तक कि आपके भीतर गहराई का विस्फोट न हो जाए। जब ऐसा होता है तो एक क्षण में आप जान जाते हैं कि प्रक्रिया पूरी हो गयी। अन्यथा सारा समय आप अंधेरे में टटोलते रहते हैं, सब आशाओं के विरुद्ध आशा किए जाते हैं, जबकि उसमें से कुछ भी आता हुआ प्रतीत नहीं होता। जब वह आता है तो एकदम अचानक। जहां तक ध्यान का संबंध है गहराई में प्रत्येक कदम पर कुछ भी उपलब्ध नहीं होता। या तो वह है या फिर नहीं है। इसलिए आपको उसके लिए धैर्य रखना होगा। और हर एक साधक के साथ समय का अंतराल भिन्न-भिन्न होगा— स्वभावत: कोई नहीं जानता कि आपने कितना अपने और अपनी गहराईयों के बीच कितना संग्रह किया है। हो सकता है कि परत बिल्कुल पतली हो और एक ही प्रयत्न उसे तोड़ कर खोल दे। और यह भी हो सकता है कि परत बहुत घनी हो और आपने कितने ही जीवन उसे निर्मित करने में लगाए हों। इसलिए वह एक-एक व्यक्ति पर निर्भर करेगा।

पर एक बात महत्त्वपूर्ण है—धैर्य ! धैर्य और बिना परिणाम की आशा किए कार्य करना। धैर्य का अर्थ ही यह होता है कि बिना परिणाम की इच्छा किए कार्य करते जाना। यदि आप परिणाम की इच्छा करते हैं, यदि आप उसके लिए उत्सुक हैं तो आपका लक्ष्य खो जाएगा। यह अधैर्य ही है जो पूछता है 'परिणाम कहां है ?' परंतु, यदि आप धैर्य के साथ करते ही चले जाते हैं तो वही स्वयं अपने से एक परिवर्तन लाएगा। धैर्य बिना फल की आकांक्षा

किए—धैर्यसहित सतत कार्य करना, स्वयं में एक बड़ा भारी रूपांतरण है। यहां तक कि ध्यान न भी उपलब्ध हो तो भी आप रूपांतरित होंगे, क्योंकि बिना परिणाम की मांग किए कुछ करते जाना बड़ी बात है, जिसके लिए एक बड़े आंतरिक बल और सहनशक्ति की आवश्यकता होती है। यह आंतरिक बल धीरे-धीरे बढ़ेगा। समय का अंतराल भी होगा। मध्य की परत के कारण समय का अंतराल भी होगा। दूसरी बात, यदि आप पूर्णत: धैर्यवान और अडिग संकल्प के नहीं हैं, तो आप विस्फोट के झटके को सहन नहीं कर सकेंगे। यह विस्फोट आनंद का होता है। यह अति तीव्र होता है, इसे सहने की क्षमता होनी चाहिए। इसके लिए एक मजबूत आंतरिक संकल्प—एक बहुत मजबूत दृढ़ता की आवश्यकता होती है। इसलिए, यदि वह परत आपके और आपकी गहराइयों के बीच पतली भी है तो भी समय लगेगा। आपके संकल्प के दृढ़ होने तक समय लगेगा। यदि कोई व्यक्ति बिना परिणाम के रह सकता है वह बहुत बड़े परिणामों के लिए योग्यता प्राप्त कर लेता है। अन्यथा वह उस महान् क्षण के योग्य नहीं है। यदि अकस्मात आपको आनंद मिल जाए तो आप उसे सहन नहीं कर पाएंगे। वह असहनीय होगा। आप पागल हो जाएंगे। आप हमेशा के लिए संतुलन खो देंगे। यह एक महान् घटना है। यह घटना है ब्रह्म होने की, वह सागर का बूंद में गिरना है। इसलिए, आपको इसके लिए तैयार होना चाहिए, और यह तैयारी तब आती है जब आप बड़े धैर्य के साथ प्रतीक्षा करें। श्रद्धा का यही वास्तविक अर्थ है। यह किसी में विश्वास करने की बात नहीं है। वह स्वयं में ही विश्वास है। यह किसी और में विश्वास रखना नहीं, वरन् स्वयं में ही विश्वास करना है। जब हम परिणामों के लिए जिज्ञासा करते हैं, यद्यपि वे भी आएंगे, पर तब हम स्वयं अपने ही प्रति सच्चे नहीं हैं। जैसे-जैसे समय बीतेगा, आप गहरे जाते जाएंगे। ऐसा समय के कारण नहीं होता बल्कि आपके धैर्य के कारण होता है जो आपने अब तक रखा है। कैलेंडर के समय

के कारण ही नहीं, बल्कि आपके धैर्य के कारण जो कि आपने रखा बावजूद सब थकान के, बिना किसी परिणाम की आशा के, बिना किसी लाभ की आशा के, और करते ही चले गए अद्वितीय उत्साह के साथ। यही संकल्प को जन्म देता है जो यही आपको सह सकने के योग्य बनाता है। ब्रह्म के साथ एक होने के लिए एक विशेष परिपक्वता की आवश्यकता होती है जैसी गर्भाधान के लिए होती है। इस आध्यात्मिक गर्भाधान में ब्रह्म ही आपके पास आता है। यह आपका एक नया जन्म है। कहते हैं कि भारत में ब्राह्मण, क्षत्रिय, वैश्य, द्विजन्म हैं और शूद्र एक जन्मा है ! मैं कहता हूं, वह व्यक्ति जो दूसरे जन्म को उपलब्ध नहीं हुआ, वही शूद्र है। इसलिए हम सब शूद्र हैं, अछूत हैं, क्योंकि प्रभु ने हमको नहीं छुआ है। यह जन्म होगा यदि हम सच्चे और धैर्यवान रहें। इसके लिए प्रतीक्षा करें, दूसरे के लिए प्रार्थना करें, इसके लिए आशा करें, परंतु कभी जल्दी न करें।

**मा आनंद प्रेम :** आध्यात्मिक शिखर को पहुंचने के लिए क्या मनस् शक्तियां और मनःस्थितियों में से गुजरना आवश्यक है ?

**ओशो :** मनोजगत् में से गुजरना कोई आवश्यक नहीं है। इसका यह अर्थ नहीं होता कि आप उनमें से नहीं गुजरते। आप उनमें से इतनी तीव्र गति से निकल सकते हैं कि आप उन्हें देखते ही नहीं। आप मनोजगत् के हर एक कदम पर विचार करते हुए धीरे-धीरे भी निकल सकते हैं। उनमें से गुजरें, अवश्य गुजरें, क्योंकि आपके और आपकी आंतरिक गहराइयों के बीच वह जगत् ऐसे ही है जैसे आप हैं, और जैसे आप होंगे के बीच अंतराल है। आप जेट की गति से भी निकल सकते हैं और इनका कभी अनुभव न करें। या आप बैलगाड़ी की रफ्तार से भी गुजर सकते हैं। यदि आप भूमिखंड, लैंडस्केप देखना चाहते हैं तो अच्छा होगा कि आप बैलगाड़ी से यात्रा करें। इसलिए, ऐसी भी विधियां हैं जो बैलगाड़ी-पद्धतियां हैं और ऐसी भी विधियां हैं जो जेट-पद्धतियां

हैं ।

मैं जिस विधि की बात कर रहा हूं वह जेट-विधि है । आप इन मनस् प्रदेशों में से गुजरेंगे परंतु आप उन्हें नहीं जान पाएंगे । परंतु यदि आपको इन शक्तियों की चाह है तो आपका जेट बैलगाड़ी की तरह चलेगा ।

यदि आपकी ऐसी तीव्र इच्छा है कि कुछ मनस् शक्तियां विकसित हों तो जब आप उनमें से गुजरेंगे, वे आपको पकड़ लेंगे । हमारी आंतरिक इच्छा भी है जिनका हमें कोई भी पता नहीं है । हमारा मन मूलत: शक्ति-संग्रहकर्ता है । या तो वह बाह्य दुनिया में शक्ति संग्रह करता है या आंतरिक जगत् में । वह हमेशा शक्ति की खोज में लगा है । इसलिए सावधान रहना होगा कि हम कुछ खोज तो नहीं रहे हैं । यदि आप शक्तियों की खोज में लगे हैं तो मनो-जगत् वहां है । आप वहां पकड़े जाएंगे क्योंकि ब्राह्य जगत् आपको इतनी शक्ति प्रदान नहीं कर सकता जितना कि आंतरिक जगत् प्रदान कर सकता है । भीतर शक्ति की बहुत बड़ी संभावना छिपी पड़ी है ।

एक मनुष्य के शरीर में इतनी आणविक ऊर्जा है यदि कि उसका विस्फोट हो जाए और उसकी समग्र ऊर्जा को छोड़ दिया जाए तो सारा संसार, पूर्ण आबादी-सहित नष्ट हो जाएगा। भौतिक शास्त्रवेत्ता अणुशक्ति के बारे में बताएंगे । योगी आत्मिक शक्ति के बारे में बताएंगे। ऊर्जा वही है, केवल दृष्टिकोण भिन्न है । भौतिक शास्त्रवेत्ता शरीर के अणुओं के द्वारा पहुंचता है । योग मन के अणुओं-द्वारा पहुंचता है और ये दोनों रास्ते एक ही मार्ग के दो ध्रुव हैं ।

योग भीतर से प्रवेश करता है, इसलिए योगी आत्मिक शक्तियों की बात करता है । वे वहां हैं ही, परंतु यदि आप उनके पाने की कोशिश में लगे हैं तो उनमें ही पकड़ लिए जाएंगे और वह बहुत दु:ख की बात होगी, बहुत करुणाजनक । आप ब्रह्म के, परम आनंद के बहुत समीप हैं, आप फूल के बहुत नजदीक हैं पर आपने अपने

हाथ बंद कर लिए हैं। इसलिए, बहुत सतर्क रहना चाहिए।

इस विधि में मैं आपको बहुत सतर्क नहीं करता क्योंकि यह जेट-विधि है। यह इतनी तेज गति से जाती है कि आप मनोगत क्षेत्रों को बिना देखे ही उनमें से गुजर जाएंगे। परंतु फिर भी, जो कुछ हमने पढ़ा-सुना है, वह हमारे दिमाग में इकट्ठा संगृहीत हो गया है और इसलिए आपको मनस् शक्तियों के बारे में सावधान रहना चाहिए। वे वहां हैं, परंतु उनका अपने में बहुत महत्त्व नहीं है।

शक्ति-खोजने वाला मन कभी शांत नहीं हो सकता क्योंकि शक्ति खोजने वाला मन मूलत: हिंसक होता है। हिंसा के लिए ही शक्ति की जरूरत है। हम दूसरों के आगे होना चाहते हैं। यह अणु-शक्ति या मनस् शक्ति के द्वारा हो सकता है— यह एक राजनीतिक नेता या धर्मोपदेशक की तरह है। हम चाहते हैं शक्ति, सम्मान, ऊंचाइयां! शक्ति चाहने वाले मन का अर्थ है— एक हिंसक चित्त। हिंसक चित्त कभी भी आध्यात्मिक नहीं हो सकता। अधिक से अधिक वह मनस् शक्ति संपन्न हो सकता है, सबसे नीचे के बिंदु पर शक्ति शारीरिक होगी; सबसे ऊंचे बिंदु पर, वह (मानसिक) हो सकती है। परंतु यदि कोई सत्य की, आनंद की खोज कर रहा है; यदि कोई प्रभु को खोज रहा है तो उसे ऐसी किसी भी शक्ति की खोज नहीं करनी चाहिए। ऐसी शक्ति को तिलांजलि देनी चाहिए।

आपको विनम्र होना चाहिए जैसा कि जीसस ने कहा है—'वे ही प्रभुकृपा को उपलब्ध हैं जो विनम्र हैं, क्योंकि उन्हें ही पृथ्वी का राज्य मिलेगा।' आपको पृथ्वी का राज्य प्राप्त करने के लिए ही विनम्र नहीं होना चाहिए यदि आपकी यही इच्छा है और विनम्रता का यही कारण है तो फिर आप विनम्र नहीं हैं। विनम्र आदमी का मतलब होता है एक सरल व्यक्ति। वह किसी शक्ति की खोज नहीं कर रहा है। उसने उस आयाम को बिल्कुल छोड़ दिया है।

इस अर्थ में वह दीन है । वह कुछ भी नहीं है । केवल वही, जो कुछ भी नहीं है, हो सकता है जो सर्व है । वह 'जो कुछ भी नही' है, सर्व से एक हो सकता है ।

इसलिए शक्ति की उपलब्धि की इच्छा नहीं करनी चाहिए—उसकी आकांक्षा भी नहीं करनी चाहिए । और जब वह आपको रास्ते में मिलें तब सिर्फ उसके द्रष्टा मात्र रह जाएं और आगे बढ़ जाएं । एक क्षण को भी न ठहरें क्योंकि एक क्षण के लिए रुकना भी, उसके नजदीक खड़ा होना भी घातक सिद्ध होगा । शक्ति भ्रष्ट करती है । शक्ति भ्रष्ट करती है इसलिए नहीं कि वह बुरी है—बल्कि इसलिए कि हम स्वयं उसके पीछे पड़े हैं । इसलिए भ्रष्ट करती है । कहावत है निरंकुश शक्ति समग्ररूपेण भ्रष्ट करती है ! बाह्य शक्ति इतना नहीं बिगाड़ सकती है जितना आंतरिक शक्ति बिगाड़ सकती है । वह एक अर्थ में अधिक निरंकुश है और दूसरे से अधिक स्वतंत्र है । इसलिए, वह अहंकार के लिए एक मजबूत गढ़ सिद्ध हो सकती है ।

बाह्य शक्ति हमेशा ही दूसरों पर निर्भर करती है । आप कभी भी समग्र नहीं हैं, आप कभी भी सार्वभौम नहीं हैं । आप हमेशा ही दूसरों पर निर्भर हैं । कोई भी, कहीं से भी, दूर से भी आपके पतन का कारण बन सकता हैं । यदि एक ईंट भी निकाल दी जाए तो पूरा महल गिर सकता है । हिटलर ने ऐसी ही शक्ति एकत्र की जो पूर्णतया बाह्य शक्तियों पर निर्भर करती है । ऐसे लोग बहुत बड़ा पिरामिड बनाते हैं और उसकी चोटी पर खड़े हो जाते हैं । परंतु वे पूर्णत: उस पिरामिड पर निर्भर हो जाते हैं । इसलिए वे सदा भयभीत रहते हैं । एक भी ईंट पिरामिड के बाहर फेंक दी जाती है तो वे गिर पड़ते हैं ।

छटवीं भेंट-वार्ता

# जीवंत-संतुलन

**ओशो के साथ डा० जीन हेरोट, (फ्रांस) और मा योग मैत्री (मेडम यूकी फ्यूजीता), टोकियो, जापान की हुई एक अंग्रेजी भेंट-वार्ता : 'द व्हाइटल बैलेंस' का अनुवाद।**

**डा० हेनरोट** : हमारी सभ्यता में, विशेषत: हमारे पेशे में, मेरे जैसे व्यक्तियों के लिए एक बड़ी समस्या है। हम अपनी बुद्धि का बहुत अधिक उपयोग करते हैं, इतना कि हम जीवन को केवल बुद्धि के द्वारा ही देखने-समझने का प्रयत्न करते हैं और इस तरह बाकी सभी साधनों को अस्वीकार कर देते हैं। इससे जीवन ऊब से भरा हुआ है और निर्जीव हो जाता है और उसकी सारी चमक विलीन हो जाती है।

**ओशो** : कोई भी व्यक्ति अपनी बुद्धि का बहुत अधिक उपयोग नहीं कर सकता। यह एक इतनी बड़ी शक्ति है और इसमें इतनी संभावनाएं हैं कि हम उसका बहुत अधिक उपयोग नहीं कर सकते। बहुत अधिक नहीं, बल्कि हम कभी उसका समग्र उपयोग नहीं करते। सामान्यत: हम अपनी समस्त भावनाओं का दस-पंद्रह प्रतिशत से अधिक उपयोग नहीं करते। दूसरी बात, जब आप बौद्धिक कार्य कर रहे हों तो यह जरूरी नहीं कि आप अपनी बुद्धि का उपयोग कर ही रहे हैं। बौद्धिक कार्य भी यंत्रवत् है। इसमें अपकी बुद्धि की बिल्कुल भी आवश्यकता नहीं। एक बात आप जान लें कि कैसे करना है, फिर कोई बुद्धि की जरूरत नहीं। तब फिर मस्तिष्क कंप्यूटर की भांति काम करता है।

असली समस्या यह नहीं है कि हम अपनी बुद्धि का बहुत ज्यादा उपयोग करते हैं, बल्कि समस्या है अपने भावों का, आवेगों का, उपयोग न करना। हमारी सभ्यता से भाव बिल्कुल निकाल दिए गए हैं और इस तरह संतुलन खो गया। हमारी सारी सभ्यता ऐन्टी-इमोशनल है, भावविरोधी है। इसलिए एक अधूरा कटा-छंटा व्यक्तित्व विकसित होता है। यदि भावनाओं का भी उपयोग किया जाय तो फिर कोई असंतुलन नहीं रहता। बुद्धि एवं भाव दोनों का संतुलन एक सही अनुपात में अवश्य रखना चाहिए अन्यथा पूरा व्यक्तित्व रुग्ण हो जाता है। यह वैसे ही है जैसे एक ही पैर को केवल काम में लाना। आप एक ही पैर काम में लाते चले जाएं तो कहीं भी नहीं पहुंचेंगे। आप सिर्फ अपने को थका डालेंगे। दूसरे पैर का भी उपयोग होना चाहिए। बुद्धि और भाव

भी दो पैर हैं—वे दो पंखों के समान हैं। जब हम एक ही पंख काम में लाते हैं तो उससे निराशा ही मिलने वाली है और तब जो आनंद दोनों पंखों को एक संतुलन में साथ-साथ काम में लाने से उपलब्ध होता, वह नहीं होगा।

इसलिए अपनी बुद्धि का उपयोग करने में न डरें। जब केवल बुद्धि का उपयोग किया जाता है तभी आप गहराई को छूते हैं और आपकी संभावना को उत्तेजित किया जाता है। बौद्धिक कार्य तो बहुत ऊपरी होता है। उससे कोई गहराई नहीं छुई जाती, कुछ चुनौती नहीं दी जाती। ऐसा कार्य ऊब पैदा करने वाला होता है। उससे एक ऐसे कार्य का निर्माण होता है, जिसमें कोई पुलक नहीं होती, कोई आनंद नहीं होता। आनंद तभी आता है जब आपके व्यक्तित्व को चुनौती दी जाती है और आपको अपने को प्रमाणित करना पड़ता है अथवा जब आपको चुनौती का प्रति-उत्तर देना पड़ता है! बुद्धि या भाव को जब ललकारा जाता है तब आनंद उत्पन्न होता है। यदि किसी मानसिक रोग से पीड़ित व्यक्ति के व्यक्तित्व का एक ही हिस्सा काम कर रहा हो, और दूसरा मृत हो, तब जो हिस्सा काम कर रहा है वह भी पूर्णतया अधिक कार्य-भार के कारण काम नहीं कर सकेगा। वह इसलिए काम नहीं कर सकेगा, क्योंकि व्यक्तित्व समग्र है, टोटल है, वह हिस्सों में बंटा हुआ नहीं है—उसमें कोई खंड नहीं है। वस्तुतः पूर्ण व्यक्तित्व एक बहती हुई ऊर्जा है, एनर्जी है। जब इस ऊर्जा का तर्क की तरह उपयोग किया जाता है तब वह बुद्धि हो जाती है; जब इससे तर्क की तरह काम नहीं बल्कि भावात्मक उपयोग लिया जाता है, तब वही ऊर्जा हृदय हो जाती है। ये दोनों दो अलग-अलग वस्तुएं नहीं हैं, बल्कि उसी ऊर्जा को भिन्न-भिन्न मार्गों से ललकारा जाता है।

जब हृदय न हो और केवल बुद्धि ही हो तो आप कभी विश्राम को उपलब्ध नहीं हो सकते। क्योंकि विश्राम का अर्थ होता है कि वही ऊर्जा दूसरी दिशा में कार्य कर रही है। विश्राम का अर्थ कोई कार्य

न करना नहीं होता । वह दूसरे आयाम में काम है, ताकि जो आयाम थक गया है वह विश्राम कर सके । इसलिए जो व्यक्ति हमेशा बौद्धिक कार्य में रत रहता है, वह कभी विश्राम में नहीं जा पाता । उसने अपनी ऊर्जा को दूसरे आयामों में नहीं लगाया, और इस तरह एक ही दिशा में सदैव अपने मस्तिष्क को अनावश्यक रूप से लगाए रखा । यह ऊब पैदा करने वाला है । विचार आते हैं और जाते हैं और ऊर्जा व्यर्थ चली जाती है । आप कोई आनंद नहीं ले पाते । इसके विपरीत आप निराश हो जाएंगे और इस अनावश्यक बोझ के प्रति अरुचि से भर जाएंगे हालांकि मस्तिष्क या बुद्धि का इसमें कोई कसूर नहीं है क्योंकि इनको विकल्प में कोई आयाम प्रस्तुत नहीं किए गए । वस्तुत: ऊर्जा नष्ट हो जाती है और वह एक वर्तुल में ही घूमती रहती है, क्योंकि उसके लिए कोई दूसरा द्वार खुला नहीं है । ऊर्जा कभी रुक नहीं सकती । ऊर्जा का मतलब ही है वह जो स्थिर नहीं है, वह जो सदैव बहती हुई है । इसलिएं विश्राम का अर्थ स्थिर ऊर्जा या सोयी हुई ऊर्जा नहीं होता । विश्राम का वैज्ञानिक अर्थ होता है, ऊर्जा का दूसरी धारा में बहना, दूसरे आयाम में, दूसरे कक्ष में होना ।

यदि कक्ष भिन्न भी हैं पर बिल्कुल विपरीत नहीं हैं तो भी मस्तिष्क को विश्राम नहीं मिलेगा । आप एक वैज्ञानिक समस्या पर कार्य कर रहे हैं । तब आप एक उपन्यास पढ़कर विश्राम में जा सकते हैं । कार्य भिन्न हैं क्योंकि वैज्ञानिक समस्या में संलग्न होना सक्रिय होता है—यह एक अत्यंत पुरुषोचित गुण है जबकि उपन्यास पढ़ना बहुत पैसिव, निष्क्रिय होता है—यह एक पूर्ण स्त्री-सुलभ गुण है । कार्य बिल्कुल भिन्न है; और यद्यपि मस्तिष्क का तो उपयोग होता है, फिर भी आप विश्राम की स्थिति में होंगे क्योंकि मस्तिष्क से एक दूसरे विपरीत ध्रुव में काम लिया जाता है । आप कुछ हल नहीं कर रहे हैं, आप सक्रिय नहीं हैं । आप केवल अभिग्राहक हैं, कुछ ग्रहण कर रहे हैं । आयाम वही है, केवल भाव—एक विपरीत ध्रुव का उपयोग किया जा रहा है । इसलिए

जब हम प्रेम कर रहे होते हैं बुद्धि बिल्कुल काम में नहीं आती। बल्कि इसके ठीक विपरीत व्यक्तित्व का विवेकहीन भाग काम में आता है।

बुद्धि का संतुलन प्रेम से किया जाना चाहिए। परंतु साधारणत: संतुलन कहीं नहीं पाया जाता। यदि कोई प्रेम कर रहा है और वह बुद्धिमान नहीं है तो प्रेम भी ऊबाने वाली बात बन जाती है। यहां तक कि प्रेम भी एक तनाव बन जाता है यदि चौबीस घंटे यही काम हो। वह भी अपनी एक ऊब पैदा करता है। एक बार भी यदि चुनौती खो गयी तो रस भी जाता रहेगा। 'खेल' चला जाएगा और वह हो जाएगा मात्र एक कार्य। यही बात बौद्धिक व्यक्ति के साथ होती है। ये दो हिस्से, मानव-व्यक्तित्व के ये दो ध्रुव संतुलन में होने चाहिए। केवल तभी एक अखंड, एक अविभाजित, व्यक्तित्व का जन्म होता है। अन्यथा, यह वही रुग्णता होती है, चाहे भाव के हिस्से से आए या चाहे बुद्धि के हिस्से से आए।

पूर्व हृदय-द्रारा बंधा है। पश्चिम ने दूसरे ध्रुव पर प्रयत्न किया है। दोनों ने विनाशकारी परिणाम प्राप्त किए हैं। पश्चिम की नयी पीढ़ी में बुद्धि और तर्क के विरुद्ध विद्रोह पैदा हुआ है। नयी पीढ़ी का सारा मस्तिष्क इररेशनल, तर्क रहितता, विवेक रहितता की ओर झुक रहा है। प्रकृति सदैव अपना बदला लेती है। प्रकृति सदैव ही बदले के भाव से भरी है। वह कभी क्षमा नहीं करती, वह कभी नहीं भूलती। यदि उसका कोई हिस्सा दमित किया गया है या संतुष्ट नहीं किया गया है तो वह अपना बदला अवश्य लेगी। इसलिए इररेशनल, तर्करहितता पश्चिम में अपना बदला ले रही है। पूर्व में रेशनल, तर्कपूर्ण लोकप्रिय हो रहा है, वैज्ञानिक चिंतन प्रभावित कर रहा है, कम्युनिज्म प्रभावित कर रहा है। धर्म खो रहा है—वह अब पूर्व को नहीं आकर्षित कर पाता, क्योंकि अभी तक, तर्क को, बुद्धि को, दबाया गया है।

इसलिए मेरी दृष्टि में, न तो कोई मानव और न कोई मानव- संस्कृति

ही कभी स्वस्थ हो सकती है बिना तर्कसंगत और तर्कशून्य में एक आंतरिक संतुलन के। मैं इन दोनों को दो भिन्न हिस्सों की तरह नहीं लेता। मैं इन्हें एक ही ऊर्जा के दो ध्रुवों की तरह मानता हूं। सारी ऊर्जा इन दो ध्रुवों के बीच होती है। अन्यथा वह कभी नहीं हो सकती। ऊर्जा के होने के लिए एक आंतरिक तनाव की आवश्यकता होती है। वह ऋणात्मक और घटनात्मक हो सकती है जैसे कि विद्युत् में होती है। वह एक ध्रुव और दूसरा ध्रुव हो सकती हैं जैसे कि चुंबक में होता हैं। वह नर और मादा हो सकती हैं जैसा कि बायलोजी में होती है। ऊर्जा कभी एक ध्रुव में नहीं हो सकती। दूसरा ध्रुव भी चाहिए चुनौती देने के लिए, उकसाने के लिए, आवश्यक तनाव पैदा करने के लिए। परंतु मानव-समाज में दूसरे को हमेशा ही दबाया गया है—चाहे बुद्धि को या, चाहे भाव को। इसलिए एक समग्र संस्कृति अभी तक उत्पन्न नहीं हो सकी, अस्तित्व में नहीं आ सकी। अभी तक सभ्यता केवल भाव की या केवल बुद्धि की हो सकी है। वैसी संस्कृति अभी पैदा होने को है। संस्कृति का अर्थ है —बहुत-से ध्रुव एक साथ काम कर रहे हों।

इसलिए सदैव एक को दूसरे से संतुलित करें। जितना ही दूसरे का उपयोग किया जाए उतना ही वह चमकता है और उतनी ही अधिक पहले में भी चमक पैदा होती है, जिसके लिए दूसरा विश्राम कर रहा है। इसलिए मस्तिष्क में ध्रुवों को बदलने की क्षमता होनी चाहिए—उतनी ही सहज जैसे कि हम सोते-जागते हैं। हमें एक आयाम को बंद और दूसरे को खोलने के योग्य होना चाहिए। जब यह होता है तब जीवन नीरस नहीं मालूम होता। तब जीवन आनंदमय हो जाता है। अभाग्यवश हम एक ध्रुवत्व के आदी हो जाते हैं। एक के प्रति ऐसा व्यसन क्यों होता है ?

हम एक के प्रति आसक्त इसलिए हो जाते हैं कि जो व्यवहार में है और जिसके हम अभ्यस्त हैं उसे आसान है। उसे आप बिना चेतन प्रयत्न के कर सकते हैं। चेतना की जरूरत ही नहीं होती है। जब

आज ध्रुव को बदलते हैं, जब आप पूरा कार्य ही बदलते हैं तो आप एक नए सीखने वाले की तरह होते हैं। तब आप इस क्षेत्र में दक्ष नहीं होते। आप इसमें प्रशिक्षित नहीं होते। इसलिए, आप उससे बचना चाहते हैं। तब जिस क्षेत्र में आप प्रवीण हैं, उसमें आप आवश्यकता से अधिक करना चाहते हैं। यह 'ओवर-डुइंग' आधिक्य में करने की समस्या है। किसी को चौबीस घंटे दक्ष नहीं बने रहना चाहिए। उसको कुछ ऐसा भी करना चाहिए जिसमें वह दक्ष नहीं है। उसे कुछ ऐसा भी करना चाहिए, जिसके बारे में वह कुछ नहीं जानता है। उसे कभी बच्चा भी हो जाना चाहिए खेलता हुआ, अप्रौढ़, अज्ञानी, अनजान; और वह एक दक्ष मस्तिष्क के लिए सहायक होगा।

इसलिए हरएक प्रतिभा-संपन्न व्यक्ति में एक बालक भी होता है। बिना भीतर बालक के कोई भी जीनियस, प्रतिभा-संपन्न नहीं हो सकता। और वह बालक ही उसकी सारी शक्ति का स्रोत होता है। वह क्षण में नौसिखिया हो जाता है। वह क्षण-भर में बिल्कुल अज्ञानी हो सकता है। वह उन क्षेत्रों को छू सकता है जिसके बारे में वह कुछ नहीं जानता। एक गणितज्ञ जो कविता की ओर मुड़ता है कभी नुकसान में नहीं जाता। वह वापिस गणित के क्षेत्र में एक ताजा, शुद्ध मन लेकर लौटता है, नए अनुभव लेकर लौटता है जिसे उसने गणित के क्षेत्र में कभी नहीं जाना। जो कुछ भी खोजा गया है और जिसका भी आविष्कार किया गया है वह कभी व्यावसायियों-द्वारा नहीं किया गया है। वह तो हमेशा किसी अजनबी-द्वारा किया गया है, क्योंकि वह एक बच्चे का मन लेकर आता है। केवल एक बच्चा ही आविष्कारशील है—न कि एक वृद्ध, क्योंकि वह तो एक विशेषज्ञ है, वह आविष्कार नहीं कर सकता। वह बार-बार वही दोहराता जाएगा और उसी को आवश्यकता से अधिक करता जाएगा। वह उसे और बढ़िया बना देगा पर नया नहीं बना सकेगा। इसलिए एक व्यावसायिक विशेषज्ञ नए ज्ञान का योगदान नहीं कर सकता। वह बहुत अधिक

जानता है। वह कुछ भी नए का स्पर्श नहीं कर सकता। इसलिए ऐसे व्यक्ति जो जानते हैं, जो व्यावसायिक विशेषज्ञ हैं वे परंपरानिष्ठ होते हैं—वे कभी क्रांतिकारी नहीं होते, वे हो ही नहीं सकते। उनका व्यक्तित्व ही विमित है। वे नए को देख नहीं सकते। वे सदैव नए की विस्मृति में जीते हैं।

इसलिए जब कभी एक वैज्ञानिक कविता की ओर मुड़ता है या एक कवि गणित की ओर झुकता है या एक व्यवसायी चित्रकला की ओर झुकता है या एक चित्रकार संन्यासी हो जाता है तब कुछ नए का जन्म होता है। और नए को जन्म देना आनंदपूर्ण है अन्यथा, आपका प्रत्येक काम निर्जीव और ऊब पैदा करने वाला हो जाएगा।

आदमी यंत्र की तरह काम नहीं कर सकता। वह एक ही प्रकार की वस्तुओं को बार-बार यंत्र की तरह नहीं बना सकता और न एक ही दिनचर्या को निरंतर दुहरा सकता है। अगर वह ऐसा करता ही गया तो वह पूरी तरह मर जाएगा, मृत्यु आने के बहुत पहले ही। जब मृत्यु आती है, तभी केवल उसे बोध होगा कि वह तो जिंदा था। यंत्रवत् कार्य में एक बड़ा खतरा यह है कि 'मानव-यंत्रों' के स्थान पर 'यंत्र-मानवों' को रखा जा सकता है। इन 'मानव-यंत्रों' को बदला जा सकता है क्योंकि जो कुछ वे कर सकते हैं उसे और भी भली प्रकार से यांत्रिक साधनों से किया जा सकता है। कोई कभी भी चैन नहीं पा सकता यदि वह मात्र, यांत्रिक साधनों की तरह हो गया हो।

समाज को व्यक्ति की निजता नहीं चाहिए, वह चाहता है कार्य-दक्षता। इसलिए जितना अधिक कोई व्यक्ति, व्यक्ति होता है, वह उतना ही समाज के लिए कम उपयोग का हो जाता है—और अधिक खतरनाक हो जाता है। इसलिए हमारी सभ्यता का सारा ढांचा और वास्तव में वे सभी सभ्यताएं, जो आज तक दुनिया में पैदा हुई हैं उन्होंने व्यक्ति को यंत्रवत् प्राणी में बदला है। तब वह

आज्ञाकारी है, दक्ष बना है, पर खतरनाक है। अन्यथा, एक ऐसा मस्तिष्क जो कि आविष्कारी है, खोजी है, जिज्ञासु है, नए को ढूंढ रहा है, नए को प्राप्त करने के लिए प्रयत्नशील है और सदैव कुछ अज्ञात को जन्म देने के लिए प्रयासशील है, और सदैव वह अवश्य अशांति उत्पन्न करने वाला होगा। रूढ़िगत संस्थाएं कभी उसके साथ सरलता से नहीं रह सकतीं। इसलिए जैसे ही बच्चे का जन्म होता है, वे उसका कर्मकृत्व समाप्त करना प्रारंभ कर देते हैं। वह सात वर्ष का नहीं हो पाता कि वे उसके कर्मकृत्व की निजता को पूरी तरह समाप्त कर देते हैं। यदि भूल से वे ऐसा करने में सफल न हो पाएं तभी एक व्यक्ति अपने व्यक्तित्व की निजता, स्व को पा सकेगा। परंतु ऐसा बहुत कम ही होता है।

हर प्रकार की सामाजिक संस्थाएं व्यक्ति को मारने और उसे एक मशीन में बदलने के साधन हैं। हमारे सारे विश्वविद्यालय, जो व्यक्ति में स्वतःस्फूर्त है, चिनगारी है, आत्मा है उसको समाप्त करने के कारखाने हैं और वर्ण को मशीन में परिवर्तित कर देते हैं। तब ही समाज उसके साथ सरलता का अनुभव करता है। अब उस पर भरोसा किया जा सकता है। अब समाज जानता है जो वह कर सकता है, जो वह करेगा। अब उसके संबंध में पूर्व घोषणाएं की जा सकती हैं। मनुष्य जैसे ही एक यंत्र बन जाता है। दूसरे संबंध में भविष्यवाणी हो सकती है। हम एक पति के, पत्नी के, एक डाक्टर के, एक वकील के, एक वैज्ञानिक के बारे में पहले भी भविष्यवाणी कर सकते हैं। हम भली प्रकार जानते हैं कि वे कौन हैं और वे किस तरह कार्य करेंगे। हम उनके प्रति आश्वस्त हो सकते हैं।'

परंतु एक ऐसा व्यक्ति जो जीवंत है, स्वस्फूर्त है, उसके प्रति आश्वस्त होना असंभव है। क्योंकि हम नहीं जानते कि वह कब क्या करेगा। उसके कार्यकलापों के संबंध में कोई भविष्यवाणी नहीं की जा सकती। उसकी यह भविष्य के संबंध में अनिश्चितता

हमेशा असुरक्षा का कारण है। एक पत्नी कभी ऐसे पति के साथ आश्वस्त नहीं हो सकती जो अनप्रेडिक्टेबल है—जिसके बारे में कोई भविष्यवाणी न की जा सकती हो। जिस क्षण भी वह भविष्यवाणी के बाहर हो जाता है, उसे नियंत्रित करना, व्यवस्थित करना, असंभव-सा हो जाता है। वह नियंत्रित नहीं किया जा सकता, उसे किसी के अनुसार चलाया नहीं जा सकता। कोई भी ऐसे आदमी के साथ, जो भविष्यवाणी के बाहर है, व्यवस्थित नहीं हो सकता। यहां तक कि पिता भी ऐसे अनिश्चित बेटे के साथ नहीं रह सकता। और केवल अनप्रेडिक्टेबल व्यक्ति अनिश्चित वर्ण ही आनंद का अनुभव कर सकता है—जीवन का अनुभव कर सकता है, कोई और नहीं। जीवन स्वयं अनिश्चित है जिसके संबंध में कोई भविष्यवाणी नहीं की जा सकती, जिसे पूर्व से ही व्यवस्थित नहीं किया जा सकता। जीवन है वस्तुत: क्षण-क्षण, अज्ञात की ओर। वह तो द्वार है अज्ञात में प्रवेश के लिए—उससे अधिक कुछ और नहीं।

इसलिए, यदि आप खुले हैं, जीवन जैसे तो आप अवश्य अपने सब आयामों में जिएंगे—शारीरिक, बौद्धिक, भावात्मक व आध्यात्मिक। तब आप समग्रता में जीते हैं। तब कोई खंड नहीं है, कोई विभाजन नहीं है। आपकी ऊर्जा एक कक्ष से दूसरे कक्ष में और फिर अगले में सरलता से बहती है। आपकी ऊर्जा को रोकने वाली कोई बाधा नहीं है। उस पर कहीं से भी कोई खिंचाव नहीं है। वह एक बहती सरिता है। आपको किसी भी क्षेत्र में मात्र द्वार देना है, बटन दबाना है। और आप सदैव ताजा और विश्रामपूर्ण हैं। और जब भी आप अपने विशेष कार्य-क्षेत्र में लौटते हैं, आप एक नयापन, एक ताजगी, जो विरोधी क्षेत्रों के विश्राम से आती है, लिए हुए लौटते हैं।

इसलिए मेरी दृष्टि में जो समस्या है वह बहुत अधिक बौद्धिक कार्य की नहीं है बल्कि दूसरे आयाम में बहुत कम या कुछ भी कार्य न

करने की है, विशेषत: भावात्मक। विचार, तर्क भाव से संतुलित किए जाते हैं। यदि आप तर्क का अभ्यास कर सकते हैं और रो नहीं सकते तो आप मुश्किल में पड़ने वाले हैं। यदि आप केवल तर्क करते हैं और आप हंस नहीं सकते तो आप मुसीबत को बुलावा दे रहे हैं। पर जब कभी कोई ऐसा व्यक्ति प्रकट होता है जैसी कि बहती हुई सरिता तो फिर उसको समझना बड़ा कठिन हो जाता है क्योंकि उसका वर्गीकरण नहीं किया जा सकता। एक झेन कहानी है। एक प्रसिद्ध साधु मर गया। वह एक बहुत बड़ा शिक्षक था। वह अपने एक मुख्य शिष्य के कारण बहुत प्रसिद्ध था। हजारों आदमी साधु को श्रद्धांजलि अर्पित करने आए। उन्हें बहुत आश्चर्य हुआ जब उन्होंने पाया कि उसका वह मुख्य शिष्य रो रहा था। उनकी समझ में कुछ न आया। एक अनासक्त आदमी को नहीं रोना चाहिए, विशेषत: वह जो कि हमेशा कहता था कि आत्मा कभी मरती नहीं। एक आदमी उसके पास आता है और पूछता है—'आप क्यों रोते हैं?' उस शिष्य ने जवाब दिया—'मैं हमेशा क्यों' के साथ नहीं जी सकता। कुछ क्षण ऐसे होते हैं जब 'क्यों' नहीं होता। मैं रो रहा हूं और इतना काफी है।' उन्होंने फिर भी जोर दिया—'आप तो हमेशा कहते हैं कि आत्मा अमर है तब आप रोते क्यों हैं?' उसने जवाब दिया—'मैं अभी भी कहता हूं कि आत्मा अमर है। परंतु वह मुझे रोने से नहीं रोकती।' यह बड़ा अतार्किक लगता है—चूंकि आत्मा अमर है इसलिए किसी को रोना नहीं चाहिए!' परंतु उस फकीर ने कहा—'आत्मा स्वयं रो रही है और मैं उसके संबंध में कुछ भी नहीं कर सकता। मैंने स्वयं कभी कुछ नहीं किया। जो कुछ आता है मैं उसके साथ हो जाता हूं। आंसू आ रहे हैं और मैं उनके साथ एक हो गया हूं।' ऐसी जीवन दृष्टि को वर्गीकृत नहीं किया जा सकता।

हम किसी को रोता हुआ  ठीक समझ सकते हैं यदि उसका विश्वास हो कि आत्मा मरणशील है, यदि किसी का विश्वास है कि आत्मा अमर है और नहीं रोता है तो भी बात समझ में आती है कि

यह बिल्कुल ठीक है। आत्मा अमर है फिर किसके लिए रोएं? कोई नहीं मरा। परंतु यह आदमी कहता है कि आत्मा अमर है और फिर भी वह रोता है। 'क्यों' का प्रश्न ही नहीं है। बस आंसू बहते हैं। वे उससे पूछते हैं—'तो क्या आप शरीर के लिए रो रहे हैं?' फकीर जवाब देता है—'हां, अवश्य ही मेरा रोना शरीर के लिए होना चाहिए। क्योंकि शरीर बहुत सुंदर था और वह फिर कभी देखने को नहीं रहेगा। मैं शरीर के लिए रो रहा हूं।' 'परंतु आप तो आध्यात्मिक हैं'—उन्होंने कहा। इस तरह बहस चलती रही। भ्रम में डालने का उन्होंने फकीर पर आरोप लगाया। फकीर ने कहा—'मैं स्वयं भ्रम में हूं, जीवन भी ऐसा ही है। आत्मा महत्त्वपूर्ण है परंतु आंसू भी उतने ही मूल्यवान हैं। जीवन ऐसा ही है—विरोधाभासों से भरा। जीवन का अस्तित्व विरोधाभासों में ही है। मैं स्वयं भ्रमित हूं। परंतु मैं अपने भ्रमों के साथ मजे में हूं। साथ सुख से हूं। मैं अपनी असंगतियों के साथ आराम से हूं। इसलिए मैं तनावग्रस्त नहीं हूं। मेरे आंसुओं को देखो! मेरे रोने को देखो, मैं बिल्कुल आराम से हूं; मैं विश्राम को उपलब्ध हूं। मैं आनंद में हूं।'

दूसरे हिस्से को मना नहीं करना चाहिए। जितना आप तर्क का उपयोग करते हैं उतना ही अधिक आपको अतर्क या इररेशनल का उपयोग करना चाहिए उसके संतुलन के लिए। जिस क्षण वह संतुलित हो जाता है आप भार-रहित हो जाते हैं। आप मुक्तता का अनुभव करते हैं। एक का भार दूसरे के भार से साफ हो जाता है। संतुलन उपलब्ध कर लिया गया। आप मुक्त हुए। अन्यथा आप बोझ अनुभव करेंगे और इतना अधिक बोझ बढ़ जाएगा कि आप नहीं रह जाएंगे। आप केवल बोझ ही अनुभव करेंगे, और यही सत्य होगा जिसका आपको पता होगा। यह बोझ आपके पास हमेशा से इतना होगा कि आप सोच भी नहीं सकते कि उसके बिना कैसा लग सकता है।

कोई भी बिना भार के नहीं है। पर एक भार दूसरे भार से संतुलित किया हुआ है—दूसरे ध्रुव से। जब दो भार संतुलन में हों तो कोई भार नहीं होता। अत: एक ऐसा मन जिस पर कोई भार नहीं है, भारमुक्त मन नहीं है, बल्कि भारमुक्त है जिस पर सब भार संतुलन में हैं। इसलिए मैं तर्क और अतर्क दोनों के पक्ष में एक साथ हूं और मेरी सलाह है कि दोनों में हमेशा एक संतुलन होना चाहिए। जैसे ही बोझ प्रतीत हो, समझना चाहिए कि संतुलन खो गया। आपको तुरंत उसको वापस लाने के लिए जहां कहीं भी आवश्यक हो बोझ बढ़ाना चाहिए। यदि बुद्धि का बोझ बढ़ गया हो, तो कुछ नासमझी की बातें करें—ध्यान करें। ध्यान तर्कसंगत नहीं है, वह तर्क के बाहर इररेशनल है। इसलिए जब कभी कोई मुझसे ध्यान के बारे में पूछता है तो मेरी समझ में कुछ नहीं आता। इसी कारण आप ध्यान को समझ नहीं सकते। आप कर सकते हैं और उसे जान सकते हैं। ध्यान का लाजिक से, तर्क से, बुद्धि से और समझ से कोई संबंध नहीं है।

ऐसे लोग हैं जिन्होंने पूरी जिंदगी ध्यान का अध्ययन करने में लगा दी है पर फिर भी वे कुछ नहीं समझे हैं। वे समझ भी नहीं सकते। कृष्णमूर्ति उसे समझने के लिए कहते हैं और समझने को वे ध्यान के समान बतलाते हैं जैसे ध्यान कोई ऐसी चीज है जो समझी जा सकती है। बल्कि समझ का संतुलन ध्यान के द्वारा किया जाना चाहिए। यह विपरीत ध्रुव है। इसलिए, यदि आप एक बार भी ध्यान को समझने की कोशिश न करें तो आप उसे कर सकते हैं। यदि उसे कोई बराबर समझने का ही प्रयत्न करता चला जाएगा तो बहुत कम संभावना है कि उसका अभ्यास कर सकें। और चूंकि समझना बौद्धिक है। ऐसे लोग हैं, जो कहते हैं कि वे कृष्णमूर्ति को पूर्णत: समझते हैं। बौद्धिक रूप से हम उन्हें समझते हैं और यहां तक कि जब कृष्णमूर्ति कहते हैं कि बौद्धिक समझ से काम नहीं चलेगा, फिर भी वे समझ को ही ध्यान के समान बतलाते हैं। यदि बौद्धिक समझ काम नहीं करेगी तो मैं कहता हूं कि एक अबौद्धिक

छलांग काम कर देगी। कोई ऐसी समझ नहीं है जो बुद्धि से संबंधित नहीं हो। जब कभी आप ध्यान में जाएं तो आप पाएंगे कि वह समझ की तरह कम और अनुभूति की तरह अधिक है। वह अनुभव किया जाता है। वह समझा नहीं जा सकता।

दर्शन और विज्ञान बौद्धिक प्रक्रियाएं हैं। धर्म और कला अबौद्धिक प्रक्रियाएं हैं। फिलासफी को धर्म से और विज्ञान को कला से संतुलित किया जाना चाहिए। अन्यथा, एक गड़बड़, एक रुग्ण संसार निर्मित होता है जिसमें प्रत्येक बीमार है। मैंने एक भी ऐसा व्यक्ति नहीं पाया जो चैन से हो। कुछ न कुछ हमेशा ही उसे परेशान करता रहता है। इससे कोई मतलब नहीं है कि क्या है। बस वह परेशान है, किसी न किसी कारण से। प्रत्येक परेशान है। तब जरूर मनुष्य के बारे में निर्मित हमारी धारणा में कुछ गड़बड़ है, कुछ भूल है। हमारे समाज के ढांचे में ही कुछ गलत हो गया है। इसलिए, जो लोग दिमाग से रुग्ण हैं वे सिर्फ उसके लक्षण प्रकट कर रहे हैं।

एक बहुत आश्चर्यजनक बात है। सन् 1930 के आसपास जितने मानसिक रोगी मनस्-विश्लेषकों के पास परीक्षा के लिए गए, वे सब मूलत: हिंसा से पीड़ित थे। तब आया दूसरा महायुद्ध। वही बात इस शताब्दी के आरंभ में घटित हुई, और उसके बाद प्रथम विश्वयुद्ध हुआ। इसलिए मेरी दृष्टि में, ये मानसिक रोगी हमारे आने वाले समय के पूर्व लक्षण हैं। वे घोषणा करते हैं जो कुछ भी आने वाला है। एक तरह से वे अधिक संवेदनशील हैं, दृष्टा हैं। वे घटनाओं को पहले से देख लेते हैं। यही बात कलाकार के साथ होती है। प्रत्येक बात जो कल घटित होने वाली है पहले कविता में, चित्र में, संगीत में प्रकट होती है। यदि हम पिकासो की कला को गौर से देखें, तो हमें एक रुग्ण सभ्यता के संकेत मिलेंगे। अपने चित्र—'गुरनिका' या किसी भी कलाकृति में वह कभी भी मनुष्य आकृति को वैसे ही अंकित नहीं करता है जैसे कि वह है। वह

कभी सारे हिस्सों को साथ-साथ पेश नहीं करता और न ही सही स्थान में। सिर एक स्थान पर होगा और गर्दन कहीं और दूसरे स्थान पर विक्षिप्त विकार, गुप्त पागलपन। आंखें सिर के भीतर हैं। ऐसी उसकी कलाकृतियां हैं—वह अति संवेदनशील व्यक्ति है जो आने वाली चीजों को देख पाता है, जो भविष्य में मनुष्य की होने वाली दुर्दशा को देखने में समर्थ है।

वह समाज, जो मूलत: चिंतनशील है, धर्म में पिछड़ा होगा। एक मूलत: वैज्ञानिक समाज सौंदर्य-कला में पीछे होगा। तब कला भी असुंदर हो जाएगी। इसलिए सारी पश्चिमी कला कुरूप हो गई है। यहां तक कि कुरूपता और निकृष्टता ही कला की कसौटी बन गयी है। कला में कुरूपता महानता की तरह प्रशंसित होती है। जितनी अधिक पेटिंग कुरूप हो, बिगड़ी हुई हो, उतनी ही अधिक उसकी प्रशंसा की जाती है। कोई लय, कोई ताल, कोई संगीत नहीं होना चाहिए—प्रत्येक वस्तु अव्यवस्थित और विकृत होनी चाहिए, जैसा मानव का वर्तमान मस्तिष्क है।

ये संकेत और लक्षण हैं। ये इंगित करती हुई अभिव्यक्तियां हैं। मानव-मस्तिष्क का दूसरा हिस्सा प्रतिशोध ले रहा है। वह ध्यान खींच रहा है। जब समाज कम से कम धार्मिक हो जाता है तब धर्म अपना प्रतिशोध लेता है। वह कुरूप, कर्मकांडी हो जाएगा। पुजारी ऊपर आ जाते हैं और धर्म नीचे चला जाता है। चर्च ऊपर आ जाता है। चर्च, कुरूप हो गया धर्म है। पुजारी प्रोफेट का, मसीहा का प्रतिशोध है। पैगंबर को अब कोई जगह नहीं, इसलिए पुजारी आ गया है। वह उस रिक्त स्थान की पूर्ति करता है।

हमने अभी तक समग्र संस्कृति को नहीं जाना, नही समझा समग्र व्यक्तित्व, समग्र मन को। समग्रता विरोधी ध्रुवों का जोड़ है। इसलिए पूरी तरह अनुकूल, संगत व्यक्तित्व अधूरा और अपूर्ण है और एक तरह से विक्षिप्तता के मार्ग पर है। यह बड़ा खतरनाक है। वह हिस्सा जिसे एक अनुकूल मस्तिष्क के कारण अभिव्यक्ति

नहीं मिली, जिसकी ओर ध्यान देने से मना किया गया, वह अपना प्रतिशोध लेगा। वह जो बुद्धिसंगत नहीं है आक्रामक हो जाएगा। वह प्रतिशोध की पूरी शक्ति से आएगा और सारी बुद्धि को नष्ट कर देगा।

आप इसे केवल समझे ही नहीं अपितु अनुभव भी करें। इसे बुद्धि के स्तर पर समझना मुश्किल नहीं है। समस्या वहीं आती है जहां अनुभूति का प्रश्न खड़ा होता है। आप इसे अनुभव भी अवश्य करें। वह तभी संभव हो सकता है जब आप कुछ ऐसा करें जो बुद्धिसंगत न हो। बस एक घंटे तक कूदें और नाचें और देखें की आप कितने ताजा और हलके अनुभव करते हैं—और कितने आलोकपूर्ण। मन की शुद्धता हो जाती है क्योंकि वह जो असंगत है, अज्ञान है, संतुष्ट हो गया है। अब बुद्धि अपना काम मुक्त होकर कर सकती है, क्योंकि अब कोई दुश्मन पीछे नहीं है। अब वह अपने कार्य के लिए स्वतंत्र है। इस तरह मस्तिष्क के दोनों आयामों को पूरा अवसर प्रदान करें ताकि वे स्वतंत्रता से अपने को व्यक्त कर सकें।

सदैव दोनों का संतुलन रखें । इन दोनों पूरक कक्षों में रहें। वे विरोधी नहीं हैं। वे ऐसे दिखलाई देते हैं क्योंकि हम सदैव एक में रहते आए हैं। और उससे चिपक गए हैं।

जब आप स्वप्न देखते हैं तो आप विरोधाभास को नहीं देखते स्वप्न की असंगति को नहीं देखते। आप एक मित्र को आते देखते हैं। अचानक वह किसी और चीज में बदल जाता है। परंतु आप इसे स्वप्न में सत्य समझ लेते हैं। आप इसमें किसी विरोधाभास का असंगति का अनुभव नहीं करते। आप नहीं पूछते कि आदमी जानवर में कैसे बदल गया ? ऐसा इसलिए कि स्वप्न में कोई तर्क नहीं होता। स्वप्न को अभी भी अपने अरिस्टोटल (प्रसिद्ध तर्कवादी) को जानना है। स्वप्न में आप नहीं कह सकते कि 'अ' यदि 'अ' है तो वह 'ब' नहीं हो सकता। यदि अ-अ है तो 'न-अ'

नहीं हो सकता। स्वप्न में 'अ' 'न-अ' हो सकता है तो 'न-अ' अ हो सकता है। कोई तर्क नहीं होता, कोई विरोध नहीं थोपा जाता। इस तरह ऐसे क्षेत्र हैं जो पूर्ण तर्करहित हैं। और साथ ही वे आपके अंग हैं। बल्कि, आप उनके हिस्से हैं, क्योंकि वे बड़े हैं।

यदि यह संतुलन बुद्धिसंगत या अबुद्धिसंगत के बीच पाया जा सके तो ऊब अदृश्य हो जाती है। तब क्षण-प्रतिक्षण आनंद होता है। तब हर क्षण अपना आनंद लिए आता है। अन्यथा जीवन एक बोझ बन जाता है। पर इसके लिए जीवन जिम्मेवार नहीं है। हम स्वयं ही जिम्मेवार हैं क्योंकि चुनाव हमारे साथ में है।

**डा० हेनरोट:** यदि कोई स्वयं को संतुलित करने की कोशिश करे तो वह किसी वर्ग में ठीक नहीं बैठ सकेगा। तब वह समाज-द्वारा ठुकरा दिया जाएगा। वह व्यर्थ हो जाएगा।

**ओशो:** जीवन से बहिष्कृत होने की अपेक्षा समाज से बहिष्कृत होना अधिक अच्छा है।

**मा योग मैत्री:** जब मैं जापान लौटकर जाऊं तो मैं आपकी विधि-द्वारा आगे बढ़ने की कौन-सी योजना बनाऊं?

**ओशो:** कोई योजना न बनाएं। केवल खोदती ही चली जाएं। चीजें अपने से मार्ग ले लेंगी। योजना में पहले से ही निराशा का अनुमान बना होता है। जब आप योजना बनाते हैं तब आप निराशा के बीज बोते हैं। कोई योजना न बनाएं। बस खोदती ही चली जाएं। उसे आने दें। वह बहुत सुंदर होता है जब वह अपने से आता है। वह हमेशा भर देने वाला होता है और कभी निराशापूर्ण नहीं होता, क्योंकि कोई आशा पहले से नहीं होती। जब कोई उम्मीद नहीं होती है तब आप हताश भी नहीं हो सकते। और जितने कम आप हताश होते हैं उतने ही अधिक आप उसे कर सकते हैं। जितने अधिक आप हताश होते हैं उतने ही कम आप करते हैं।

इसलिए मैं फिर कहता हूं—कोई योजना न बनाएं। बस चलती

जाएं। और उसे अपने से आने दें। और वह आएगा ही। जब हम योजना बनाते हैं तो हम उसके रास्ते में रुकावटें पैदा करते हैं। हमारी योजनाओं के कारण—जो योजनाएं हमने बनाई हैं, जीवन नहीं चल सकता। हमारी योजनाएं बीच में आ जाती हैं। मैंने अपनी जिंदगी में कोई योजना नहीं बनाई और मैं कभी निराश नहीं हुआ। निराशा का कोई प्रश्न नहीं है। इसलिए मैं सदैव सफल हुआ हूं। मैं असफल नहीं हो सकता, क्योंकि कोई योजना नहीं है जिसका मैं अनुमान करूं। कोई असफलता, असफलता नहीं है। और कोई सफलता, सफलता नहीं है, केवल हमारी मान्यताएं और पूर्व निर्धारित योजनाएं ही उन्हें ऐसा बना देती हैं। यदि आप अपनी योजना में असफल होते हैं तो आप निराशा का अनुभव करते हैं और अहं को चोट लगती है। यदि आप सफल हो जाते हैं तो अहं बलवान हो जाता है और वह बिना रुके अधिक योजनाएं बनाता है और मस्तिष्क पर सदैव एक तनाव तथा बोझ बनाता रहेगा। अहं सदैव जीवन से भयभीत है। जीवन में हम नहीं जानते कि क्या होने वाला है। इसलिए हम उसकी सुरक्षा के लिए योजनाएं बनाते हैं। जीवन उनको अस्त-व्यस्त कर देता है क्योंकि हम ही सब कुछ नहीं हैं। हम उस विराट् सत्ता और अस्तित्व के सामने नहीं के बराबर हैं।

**मां योग मैत्री :** जिस योजनानुसार मैं जापान में काम कर रही थी, लगता है वह आपके ध्यान से मिलता-जुलता है।

**ओशो :** हां, ऐसा लगेगा। जिस क्षण आप योजना बनाते हैं आप तुलना करना शुरू कर देते हैं। तब शंकाएं और भय आपको पकड़ लेते हैं—'क्या मैं सफल हो जाऊंगा'। क्या यह संभव है। क्या होगा? लोग क्या कहेंगे?' जिस क्षण भी आप योजना बनाते हैं, निराशा के बीच लगने शुरू हो जाते हैं। अब चिंता होनी शुरू होती है। हम सामान्यत: चिंता से मुक्त होने के लिए योजना बनाते हैं परंतु योजना स्वयं एक चिंता है। हम चिंतित हो जाते हैं। योजना के कारण ही चिंता आती है। इसलिए योजना न बनाएं। बस

चलती जाएं। आप अपनी श्वास को नियोजित नहीं करतीं। आप तो बस श्वास लेती रहती हैं। इसलिए उसे सरलता से आने दें। और जो भी सरलता से आता है ईश्वरीय हो जाता है, और जो भी प्रयत्न से आता है वह ईश्वरीय नहीं हो सकता। परमात्मा बिना प्रयत्न के ही आता है। वास्तव में, वह तो हर समय ही आ रहा है। इसलिए उसे आने दें। बस अपने को सहज छोड़ दें और देखें—सब कुछ अपने आप होता जाएगा। आप अपने को क्रिया के बीच पाएंगे, परंतु कोई चिंता नहीं होगी। तब मस्तिष्क के लिए कोई चिंता खड़ी नहीं होगी। अगर कुछ नहीं होता है तो बहुत अच्छी बात है। ऐसे मन के लिए सभी कुछ ठीक है।

तभी केवल आप ध्यान के लिए कुछ कर सकते हैं, अन्यथा नहीं। क्योंकि ध्यान कोई व्यापार नहीं है। उसे कोई व्यापार नहीं बनाना चाहिए। तब आप ध्यान के लिए दूसरों को सहायक सिद्ध नहीं हो सकेंगी और अपने लिए भी बहुत कम सहायक हो सकेंगी। बल्कि आप अपने ध्यान के लिए आत्मघाती होंगी, क्योंकि वह आपके लिए बोझ होगा।

**मां योग मैत्री :** तो मैं योजना न बनाऊं ?

**ओशो :** यदि आप योजना नहीं बनाने के लिए भी योजना बनाती हैं तब भी वही बात होगी। योजना नहीं बनाएं, बस चलती जाएं। यदि ध्यान उपलब्ध हो गया है, यदि आपके भीतर कुछ खिल गया है, तो उसकी सुगंध फैलेगी। वह अपनी राह अपने आप बनाएगी। आपमें कुछ घटित हो गया है। आप शांत हैं और सहजता से हैं। मौन उपलब्ध हो गया है। वह अपना कार्य करेगा। आपको कुछ भी नहीं करना है। लोग आपके चारों ओर एकत्र होंगे। वे स्वयं आएंगे। वे आपसे प्रश्न पूछेंगे। उन्हें योजना बनाने दें। आप जाएं और ध्यान करें। घटनाएं घटित होने लगेंगी। उन्हें घटित होना ही चाहिए। तभी केवल उनकी अपनी सुंदरता है—सौंदर्य है, अन्यथा कुछ नहीं।

व्यापार सदैव थकानेवाला होता है। उसमें कोई सुंदरता नहीं होती। उसमें कोई आनंद नहीं होता। ध्यान कोई व्यापार नहीं है। फिर भी उसे भारत में एक व्यापार में बदला गया है—एक बढ़ते हुए व्यापार में उसकी दुकानें हैं और फैक्टरियां हैं। ध्यान को इस तरह से कदापि न लें। आपने ध्यान को अनुभव किया है। उसे चलने दें, परमात्मा को काम करने दें।

पूर्णतः बिना योजना के चलें। उसके संबंध में सोचें भी नहीं। आप मात्र उस स्थिति में रह जाएं। आपकी उपस्थिति मात्र कार्य प्रारंभ कर देगी। तब केवल मेरा कार्य रहेगा। यदि आपने योजना बनाई, तब मेरा कार्य बिल्कुल भी न रहेगा। उस ढंग से, आप अपने को और दूसरों को भटका रही हैं। यदि आप स्वयं तनावग्रस्त हैं तो दूसरों को ध्यान में सहायक नहीं बन सकेंगी। आप सहायता नहीं दे सकतीं। यदि आप बिना योजना के चलें तब ही आप सहयोगी होंगी। मात्र चलें मात्र बैठें। ध्यानस्थ हों और देखें क्या घटित हो रहा है। घटनाएं अपने निश्चित समय में स्वयं घटित हो जाती हैं।